아무도 알려주지 않는
유통의 속성과 함정

아무도 알려주지 않는
유통의 속성과 함정

최수정 지음

시작하는 유통인을 위한 실전 철학 및 가이드

매일경제신문사

추천사 | RECOMMANDATION

유통 현장의
생생한 숨소리를 듣다!

　　유통은 살아있는 생물이라 늘 예측하지 못한 방향으로 변화하고, 더 나아가 진화한다. 이런 유통의 속성 때문에 대부분 유통이 어렵다고 말한다. 지금도 새롭게 변화하고 있는 유통의 패러다임을 습득하는 일은 더욱더 그렇다. 앞으로도 유통은 소비자의 구매 패턴과 관련 산업의 지속적인 발전에 따라 계속 성장해나갈 것으로 보인다.

　　온라인, 오프라인, 모바일 등 여러 유통채널을 통해 제품을 간편하게 구매할 수 있는 시대다. 새벽 배송 등 첨단유통으로 우리의 삶은 편해졌지만, 그만큼 빠른 변화로 유통사업주는 오히려 더 무거운 짐을 진 것 같다. 베테랑 유통인도, 유통이 처음인 초보 사업자도 끊임없이 배우고 성장하지 않으면 살아남기 어려운 시대가 되었다. 이렇듯 첨단 기술과 결합한 유통, 새로운 패러다임에 발맞춰가는 유통이 필요한 시대지만, 여기서 우리는 기본을 다시 생각해야 한다. 기초 없는 공사가 얼마나 허망하게 무너지는지 말이다.

유통은 '사람 사이의 일'이다. 삶의 현장에서 숨소리를 들으며 그 리듬에 맞춰 함께 걸어가는 일이다. 이 책은 그러한 유통현장의 숨소리를 듣는 책이다. 저자의 현장경험을 토대로 유통 시장을 빠르고 정확하게 읽는 법, 흔들리지 않는 유통기준을 세우는 법과 성공하는 유통을 설계하는 법 등을 이야기하고 있다. 또한 세렝게티 초원과 같은 야생의 유통에서 살아남는 현실적인 방안을 제시하고 있다.

유통을 처음 시작하는 제조사와 유통사업주에게 가장 먼저 닥치는 문제인 '가격 정책'에 대한 철학을 꾸준히 언급해주는 것이 이 책의 가장 성실한 덕목이다. 게다가 읽다보면 유통현장을 미리 경험해보는 느낌도 들 것이다. 유통업 종사자가 성공하는 유통을 그릴 수 있는 초석으로 부족함이 없는 책이다. 입문자라면 책의 내용을 참고해 꼭 한번 실천해보길 바란다.

유통과학연구회 회장, ㈜온채널 대표
이현만

프롤로그 | PROLOGUE

지키는 유통의 탄생

유통은 유통세계에서 그 답을 찾기 위해 항해하는 배와 같습니다. 네이버 '유통과학연구회' 카페 회원 대상으로 2년 동안 유통세미나를 진행했습니다. 유통세미나를 찾는 공급(제조)사는 대부분 완제품을 가지고 옵니다. 참석한 공급(제조)사를 대상으로 설문조사를 했습니다. 먼저 어떻게 제품을 만들게 되었는지 조사해보았습니다.

1. 단독 결정 - 30%
2. 지인+외부 시장조사 의뢰 - 42%
3. 지인 위주 조사 - 19%
4. 외부 시장조사 의뢰 - 7%
5. 단독 결정+지인 위주 조사 - 2%

객관적인 시장조사를 하는 공급(제조)사도 많았지만, 단독 결정 및 지인 위주 조사 포함이 51%를 차지했습니다. 출시된 제품 중 50% 가까이가 객관적인 시장조사 없이 만들어지고 있었습니다. 유통을 시작하고 3년 이후 유통 시장에서 살아남은 제품은 예상보다 많지 않습니다. 자본이 많은 회사는 마케팅을 통해 브랜드를 정착시킵니다. 그러나 대부분 공급(제조)사는 마케팅에 많은 돈을 투자하기 어려운 것이 현실입니다.

제품이 유통 시장에서 빠르게 사라지는 이유가 있습니다. 제품가격이 무너지기 때문입니다. 저 또한 유통을 처음 시작할 때, 가격이 무너진 제품으로 유통을 시작했습니다. 결과는 실패였습니다. 이후 가격이 무너진 제품은 취급하지 않았습니다. 그리고 가격준수를 통해 제품을 지키기로 마음먹었습니다. 이것이 '지키는 유통'이 탄생한 계기였습니다. 모든 제품을 지킬 수 없으므로 유통을 시작한 지 얼마 안 된 신제품을 지키기로 정했습니다. 제품을 지키기 위해서는 단계가 필요합니다.

첫째, 유통기준을 세워야 합니다. 가격준수 또는 가격자율 결정, 공급가격, 판매가격, 위탁배송 여부, 반품기준, C/S지원, 샘플지원 등 기준을 세워 유통을 진행해야 합니다.

둘째, 유통방향을 정해야 합니다. 제품카테고리, 가격, 연령, 성별에 해당하는 유통채널에 제품제안을 합니다. 제품을 취급하지 않는 유통채널에 제품을 제안하는 시간 낭비는 줄여야 합니다.

셋째, 유통설계를 합니다. 제품이 유통 시장에서 살아남을 수 있는지 유통채널을 통해 시장조사를 합니다. 제품경쟁력이 있으면 유통채널을 선정하고, 우선순위를 정해 단계적으로 유통을 합니다.

넷째, 찾아오는 유통채널이 증가하면 가격을 무너뜨리지 않는 유통채널을 선정해서 제품공급을 합니다. 운이 좋으면 유통단계를 거치지 않고 브랜드가 유명해지기도 합니다. 단, 그러기 위해서는 제품이 좋아야 합니다.

모두 제품을 만들면 잘될 것이라는 환상을 가지고 유통을 시작합니다. 그런데 사라지는 제품이 더 많습니다. 가격이 무너지면 더 빨리 사라집니다. 지금은 가격이 무너진 제품을 찾는 유통채널이 많지 않습니다. 찾는 곳이 있다면 유통의 종착지 채널일 수 있습니다. 제품의 생명력이 끝났다고 봐야 합니다.

유통은 브랜드가 알려지고 매출이 안정화될 때까지 버틸 수 있어야 합니다. 버티는 맷집, 즉 유통맷집을 키워야 합니다. 유통의 경험이 적을 때는 쉽게 접하는 B2C 유통채널만 보입니다. 그러나 경험이 쌓이면 눈에 보이지 않았던 다양한 유통채널이 보이기 시작합니다. 그리고 가격을 무너뜨려 제품을 망가뜨리는 유통채널과 제품을 지켜주는 유통채널도 구분하게 됩니다. 그러나 대부분 제품은 경험이 쌓이기 전에, 유통채널을 구분할 줄 알게 되기 전에 연기처럼 사라집니다.

이 책은 유통으로 성공하는 방법을 알려주지 않습니다. 유통경험 (도매, 세미나, 전시회, 품평회, 유통컨설팅 등)을 통한 저만의 유통철학을 담았습니다. 유통을 시작하기 전의 사람도, 유통을 시작한 사람도 이 책을 통해 왜 유통기준을 세워 지키는 유통을 해야 하는지 아는 기회가 되었으면 합니다.

최수정

목차 | CONTENTS

추천사 •4

프롤로그 •6

1장 | 유통의 시작, 가격준수
1. 가격, 지킬 것인가? 무너뜨릴 것인가? •17
2. 3년은 버텨라 •20
3. 가격준수가 유리하다 •23
4. 유통기준을 세우는 이유 •27
5. 유통 설계하기 •30
6. 변하지 않는 유통, 살아남을 확률은? •33
7. 찾아가는 제조사 vs 찾아오는 유통채널 •36
8. 존재하는 시장과 개척하는 시장에서 살아남기 •39
9. 선택된 제품에 기회가 있다 •42

2장 | 유통 버티기, 유통맷집 키우기
1. 제조사의 착각은 위기다 •49
2. 샘플은 득일까? 독일까? •52
3. "제품 구합니다"와 전시회의 함정 •55
4. 유통의 격을 높여라 •59
5. 망하게 하는 제조사? 성공시키는 제조사? •61
6. 제품을 지켜주는 유통채널 찾는 방법 •64
7. 과거에서 탈출하다 •67
8. 잘 버티고 있나요? •70

3장 | 유통의 위기, 유통기준 세우기

1. 억울할 시간이 없다 • 75
2. 중간유통의 미래가 불투명하다 • 78
3. 위탁배송의 함정 • 81
4. 유통의 시작점을 다시 찾아라 • 84
5. 오프라인은 앞으로도 건재할 수 있을까? • 86
6. 공급가격을 낮게 하면 안 되는 이유 • 90
7. 공급가격을 미리 정하면 망한다 • 93
8. 사장과 직원의 입장이 다르면? • 96
9. 잘되는 쇼핑몰에는 이유가 있다 • 99
10. 빈자리를 차지하다 • 102
11. 성인사이트가 되다 • 105
12. 안전한 유통은 없다 • 108
13. 위기의 순간을 마케팅으로 활용하기 • 111
14. 성공하는 맷집을 키우는 방법 • 113
15. 지역특산품, 살릴 것인가? 말 것인가? • 116
16. 놓치면 안 되는 내부 비밀 • 119

4장 | 유통의 성공, 가격준수 완성

1. 목숨과 바꾼다면 • 125
2. 돈 버는 유통채널 • 127
3. 유통채널 입점 노하우 • 130
4. 성공은 운이라고? • 133
5. 제조사와 유통사의 오해 • 135
6. 돌고 도는 유통인맥 • 137
7. 자극을 주는 사람과 지적하는 사람의 결과 • 139

목차 | CONTENTS

　8. 대접받고 싶은 만큼 대접하라 • 141
　9. 고집스러운 가격준수 유통 • 144
　10. 유통 체크리스트 작성하기 • 147

5장 | 유통의 완성, 사람이 답이다

　1. 뒤죽박죽 아는 유통, 모르는 마케팅 • 153
　2. 제휴를 잘하는 비법 • 156
　3. 내부 제휴 잘하기 • 158
　4. 외부 제휴 잘하기 • 162
　5. 성공으로 이끄는 마케팅 3요소 • 165
　6. 문자로 비즈니스하기 • 168
　7. 도움이 되는 콘텐츠는 끝까지 간다 • 171
　8. 신뢰가 가는 광고대행사 찾기 • 173
　9. 마케팅은 언제까지 하나요? • 176
　10. 소비자 중심의 사이트 만들기 • 180
　11. 새는 돈을 막는 내부 마케팅 • 182
　12. 제2의 마케팅인 소비자 응대 노하우 • 184
　13. 실수도 마케팅 • 186
　14. 돈을 버는 재무제표 • 188
　15. 비난이 칭찬보다 안전하다 • 192
　16. 당당한 사람이 끌린다 • 194
　17. 남을 탓하지 말자 • 196

부록 | 유통채널 소개

- 유통전문 B2B 플랫폼 ㈜온채널 · 201
- 기업특판의 살아 있는 전설 영스카이(주) · 204
- 인포머셜 광고와 온라인 마케팅의 시너지 파워 ㈜인포벨 · 207
- 복합형 레저복지 플랫폼 ㈜지마이다스 · 210
- 프랜차이즈·고속도로휴게소 ㈜알피엠에프앤비 · 213
- 복지몰·폐쇄몰 플랫폼 ㈜스마트웰 · 215
- 상품에 가치를 불어넣는 유통마케팅 전문, 제이투엠 · 217
- 식품 종합몰 온라인 유통 ㈜드림팩트 · 220
- 세상에서 가장 편한 창고 ㈜마이창고 · 222
- 한국수입협회(KOIMA) · 225

에필로그 · 228

1장

유통의 시작, 가격준수

가격, 지킬 것인가?
무너뜨릴 것인가?

공급(제조)사가 유통을 시작하면 네이버 스마트스토어, 오픈마켓(옥션, 11번가, 인터파크), 종합몰, 소셜(쿠팡, 위메프 등) 등 B2C 쇼핑몰을 먼저 접합니다. 소비(구매)자가 많이 모여 있기 때문입니다. 제품도 많이 입점되어 있습니다. 그런데 수많은 소비자 중에 내 제품을 찾는 소비자는 몇 명인지 알 수 없습니다.

공급(제조)사는 B2C 쇼핑몰에 입점과 판매를 시작하면 판매가 잘 될 거라는 막연한 희망을 가집니다. 잘 팔리는 제품도 있겠지만, 대부분 제품은 광고하지 않으면 판매되지 않습니다. 소비자에게 조금이라도 많이 노출되면 매출에 유리한 구조가 광고 시장입니다. 소비자와 공급(제조)사가 많이 몰리기 때문에 광고 시장은 커졌습니다.

검색 포털에서 제품의 키워드를 검색하면 광고를 하는 제품보다 검색이 뒤로 밀리기 때문에 광고를 안 할 수가 없습니다. 유통 초기에는 광고가 기대만큼 매출에 도움이 되지 않습니다. 광고 결과와는 상관없이 광고 플랫폼 회사는 돈을 법니다. 유통(판매) 경쟁이 과열되면 가격이 무너질 수 있습니다. 누군가는 불안해하기 때문입니다. 나쁜 의도를 가지고 가격을 무너뜨리기도 합니다. 낮은 가격의 판매 경쟁은 제조, 유통, 판매뿐만 아니라 소비자에게도 도움이 되지 않습니다. 가격이 무너진 제품은 복지몰·폐쇄몰, 기업특판, 오프라인 등 다양한 유통채널 담당자의 관심에서 멀어집니다.

온라인 시장이 생기기 전에는 오프라인 시장에서 다 같이 먹고살았습니다. 온라인 시장이 생기고 정보가 공유되고 가격 경쟁이 치열해지면서 다 같이 먹고살기 어려워졌습니다. 이제는 다 같이 먹고살 방법을 다시 찾아야 합니다.

어떤 제조사는 브랜드가 정착하기 전에 제품 출시 전부터 또는 출시하면서 가격을 스스로 무너뜨려버립니다. 가격을 무너뜨리지 않고 유통과 판매를 할 수 없을까요? 가격이 지켜지는 제품은 소비자가 외면할까요? 아닙니다. 필요한 제품은 소비자가 지갑을 열게 되어 있습니다. 할인이 적용된 제품만 구매하는 건 아닙니다.

소비자에게 제품 정보가 많이 공유될수록 가격을 낮추는 경쟁이 치열해집니다. 공급(제조)사와 유통사는 가격할인의 피해를 떠안게 됩니다. 가격준수 유통과 판매를 한다면 동일한 유통환경에서 마케팅과 시간을 많이 투자한 곳이 유리합니다. 성실하게 노력하는 곳이 잘 되는 유통구조가 나오는 것입니다. 노력 없이 손가락 하나로 가격을 무너뜨리는 판매보다 제품가격을 지키려고 노력한다면 다 같이 먹고 살 수 있는 유통구조가 나올 것입니다.

- B2C(Business to Customer) : 기업이 제품과 서비스를 고객에게 판매(영업)하는 것을 말합니다. 판매(영업) 대상자가 최종 고객입니다. 전자상거래(인터넷쇼핑몰)가 대표적입니다.

- B2B(Business to Business) : 기업과 기업 간에 이루어지는 거래(공급, 판매, 영업 등)를 말합니다. 판매(영업) 대상자가 일반 기업체입니다. 부품 조달 회사(기업 간 조달과 구매, 협력과 하청 등), 제조회사와 판매회사 간 전자상거래가 대표적입니다.

3년은 버텨라

유통은 버틸 수 있는 내공이 쌓이면 브랜드가 유명해지기도 하고, 매출도 많이 발생합니다. 지금까지 살아남은 제품들은 이유가 있습니다. 제품공급이 가능한 유통채널이 많다는 것입니다. 지금도 공급 가능한 새로운 유통채널이 늘고 있습니다. 그렇다면 버틸 수 있는 내공은 어떻게 쌓이는 것일까요?

첫째, 어떻게 버틸지 생각해야 합니다. 처음부터 무리한 사업 및 많은 제품을 만들면 부담이 될 수 있습니다. 특히 유통기간이 짧은 제품일수록 부담은 큽니다. 위탁배송, 유통과 판매의 경험이 쌓이고, 시장에서 제품을 보는 안목이 생기면 유통전략을 세워 사업 및 제품을 만들어 유통해도 괜찮습니다. 유통 초기에는 지인을 의지하게 됩니다. 나보다 나은 분들이 주위에 있으면 든든하고 도움은 될 것입니다. 그러나 현재 지인들의 결과와 위치를 보고 똑같이 흉내를 내면 내 몸에 맞지 않는 옷을 입는 것과 같습니다. 또한 소비자가 많은 온라인과 모바일 쇼핑몰이 유통의 전부가 아님을 빨리 깨달아야 합니다. 눈에 보이는 시장보다 규모는 작지만 알찬 유통 시장이 많습니다.

둘째, 가격을 무너뜨리지 않아야 합니다. 유통은 보이는 세계가 전부가 아닙니다. 자식 같은 제품을 만들었는데, 제조사 제품을 눈에 보이는 유통(판매) 시장에서 처음부터 가격을 무너뜨려 유통, 판매한다면 어떻게 될까요? 가격 파괴로 브랜드는 망가지고, 가격을 회복시키기 위해 돈과 시간을 모두 잃고 뼈를 깎는 고통을 겪게 됩니다. 가격을 무너뜨리지 않는 가격준수 유통을 하면 눈에 보이지 않는 유통채널 담당자에게 상품제안이 쉬워집니다. 유명한 유통채널에 제품제안이 가능하고, 다양한 유통채널 담당자로부터 제품을 공급해달라는 연락을 받게 됩니다. 그래서 가격을 무너뜨리는 유통(판매)사에 제품을 공급하면 안 됩니다. 간혹 제조사가 가격을 무너뜨리는 유통(판매)을 할 수도 있습니다. 유통은 예측이 어렵습니다.

셋째, 단계별 유통을 해야 합니다. 유통을 시작하게 되면 많은 유통채널에 공급하기 위해 제품을 제안합니다. 많은 유통채널에 공급하려면 일손과 시간이 부족합니다. 유통채널마다 유통환경(제품공급, 주문양식, 정산일, 소비자C/S, 반품처리 등)이 다르다보니 뒷수발을 들다 시간은 없고, 매출까지 적으면 지칠 수 있습니다. 그래서 유통경험을 쌓은 후 제품에 맞는 유통전략을 세워 유통채널에 제안해야 합니다. 단계별 유통을 해도 성공보장이 50%가 안 됩니다. 생각보다 유통에서 살아남기란 쉽지 않습니다.

과거의 경험과 노하우를 가진 사람들이 유통세계로 나옵니다. 그리고 젊은 사람들도 유통세계로 뛰어듭니다. 유통세계는 20대부터 60대까지 연령대가 다양합니다. 유통세계로 모이는 이유는 "유통은 시작이자 끝"이기 때문입니다.

3년을 버티기 위해서는 공급(제조)사와 유통(판매)사가 가격을 무너뜨리지 않는 유통 협력네트워크를 만들어 가격준수 유통을 해야 합니다. 그래야만 제품이 망가져도 "나만 잘되면 된다"라는 잘못된 유통에서 한 단계 발전하게 될 것입니다.

가격준수가
유리하다

　유통은 신뢰를 쌓아가는 과정입니다. 남녀관계는 사랑의 신뢰가 쌓여야 결혼까지 골인합니다. 유통도 공급(제조)사와 유통(판매)사가 신뢰관계를 쌓아야 합니다.

　몇 년 전에 지인으로부터 제품을 소개받았습니다. 제품 샘플을 받아 체험하게 되었는데, 좋은 제품임을 직감했습니다. 그래서 유통채널 소개로만 끝내기 아까운 제품인 것 같아 기획, 사이트구축, 마케팅, 회원관리(상담/배송/총판(대리점) 관리)까지 하면서 사업에 동참하기로 했습니다. 먼저 제품시장(수입사 성향 파악, 다른 판매사 동향 파악) 분석을 했습니다. 이미 판매사 중 몇 군데가 가격을 무너뜨려 판매하고 있었습니다. 무너진 가격을 토대로 유통방향을 정하고, 유통 시장에 맞춰 제품의 콘셉트을 정한 후 스토리(제품을 만들게 된 사연, 개발자 이야기 등)가 있는 상품페이지를 제작했습니다. 다른 판매사는 제품명과 상품의 이미지만 튀는, 판매가 목적인 사이트와 상세페이지를 제작해 홍보하고 있었습니다.

여기서 잠깐!

- 시장에서 판매가 잘되는 제품들이 앞으로 계속 잘 팔릴 거라고 착각하면 안 됩니다. 시장을 주도하는 건 판매사가 아닌 소비자이기 때문입니다. 비슷한 제품이 출시되어 마케팅을 통해 검색 포털에 도배되고, 가격까지 낮춰 판매되면, 소비자는 같은 제품으로 생각해서 낮은 판매가격 제품을 선택해버립니다.

- 현재 잘 판매되는 제품의 사이트를 만들면 안 됩니다. 제품시장 트렌드가 갑자기 바뀔 때가 있습니다. 온라인과 모바일의 소비자는 의리가 없습니다. 소비자에게 의리는 가격할인, 질 좋은 서비스입니다. 더 나은 서비스와 할인된 가격의 제품이 나오면 소비자는 바로 등을 돌립니다. 소비자를 믿으면 안 됩니다. 소비자는 내 편으로 만들기 위해 노력해야 합니다.

제품을 포용할 수 있는 포괄적인 브랜드 사이트를 만들기로 했습니다. 과장된 정보보다 정확한 정보를 전달할 수 있는 콘텐츠와 커뮤

니티 위주의 사이트를 만들었습니다. 오픈하자마자 사람들이 찾아올 거라는 생각은 버려야 합니다. 초기에는 사이트에 대한 신뢰가 낮으므로 소비자에게 신뢰가 쌓일 때까지 인내하고 운영과 관리를 해야 합니다. 사이트 오픈 전부터 정확한 정보를 제공하려고 제품과 관련된 학술자료 등 방대한 자료를 수개월 동안 수집했습니다. 그리고 사이트가 살아 있는 것처럼 보이게 하기 위해 매일 운영과 관리를 했습니다. 특히, 공지사항은 최근 내용이 올라와 있어야 합니다.

사이트 오픈 후 처음에는 온라인 마케팅을 했습니다. 반짝 효과는 있었지만 오래가지 못했습니다. 3개월 정도 지났을 때 제품 키워드를 포털에서 검색 시 사이트 순위가 올라가기 시작했습니다. 등록한 사이트의 키워드 검색 순위가 10위 안으로 노출되었습니다. 4개월 정도 지나 제품 연관 키워드 검색 시, 검색 포털 사이트 순위 3위 안에 검색되었습니다. 검색 포털에 등록 후 사이트 최적화로 인해 사이트 등록 키워드가 상위 검색되면서부터 매일 수십 건 이상 상담문의가 왔습니다. 상담문의 중에 주문이 50%가 넘었습니다. 주문이 50% 이상 되자 본격적으로 마케팅을 진행하기로 했습니다. 마케팅 계획도 세웠고, 예산도 마련되었습니다. 그런데 그만 경쟁 판매사가 가격을 심하게 무너뜨려버렸습니다.

유통이 허무할 때가 있습니다. 홀로 가격준수를 지키고 유통과 판매를 하고 있는데, 다른 곳에서 가격이 무너지는 예측할 수 없는 돌발 상황들이 발생합니다. 혼자 고수하는 가격준수는 살아남기 어렵다는 것을 깨달았습니다. 유통이 잘되려면 제조(수입총판)사와 유통(판매)사가 가격준수의 신뢰관계를 잘 맺어야 합니다. 성공한 기업과 제품을 보면 가격준수 유통을 통해 오랫동안 기억에 남는 브랜드로 살아남았습니다.

어려운 상황이 닥치면 가격이 무너지기도 합니다. 그런데 무너진 제품 브랜드는 다시 회복하기 어렵습니다. 가격이 무너진 제품 브랜드는 취급하는 유통채널이 줄어들고, 소비자도 제품을 찾지 않습니다. 그러다 어느 날부터 제품이 보이지 않습니다. 이렇게 유통세계에서는 사라진 제품이 살아남은 제품보다 셀 수 없이 많습니다.

가격을 무너뜨리면 안 되는 제품이 있고, 가격할인을 통해 유통하는 제품이 있습니다. 유통 시작 전에 가격할인 제품인지, 가격을 지키는 제품인지 결정해야 합니다. 가격준수 유통은 기회가 올 때까지 버티는 것입니다. 어느 누군가, 어떤 유통채널에서 제품을 눈여겨보고 있을 것입니다. 좋은 기회는 한꺼번에 옵니다. 동시에 가격이 무너지면 안 좋은 일도 한꺼번에 옵니다.

유통기준을
세우는 이유

　유통경험이 쌓입니다. 새로운 유통트렌드가 생기고 새로운 고민거리가 생깁니다. 유통이 빠르게 변하고 있습니다. 제품의 트렌드, 유통트렌드뿐만 아니라 유통하는 사람까지 모두 빠르게 변하고 있습니다. 살아남는 것도 버거운데 새로운 트렌드까지 따라가야 하니 머리와 몸의 한계를 느낍니다. 유통은 현장을 떠나서는 답을 찾을 수 없습니다. 그런데 꽁무니만 쫓아가는 유통현장이라면 오래 버틸 수 없습니다. 살아남는 방법을 찾아야 합니다. 간혹 유통현장에서 헤맬 때가 있습니다. 현장에서 답을 찾으려고 할수록 더 꼬입니다. 빨리 문제의 원인을 찾아서 올바른 방향으로 가야 합니다. 그런데 올바른 방향으로 가기 위해 비교·분석할 수 있는 유통기준이 없습니다.

만약 유통기준이 없는 제조와 유통을 한다면 어떻게 될까요? 첫째, 객관적인 시장조사가 없이 제품을 선정 또는 만듭니다. 둘째, 많은 제품 재고를 떠안습니다(수입제품, OEM·ODM 제품). 셋째, 제품을 지키지 않는 B2C 판매를 하거나 가격을 무너뜨리는 유통사에 제품을 공급합니다. 넷째, 필요한 지원(소비자C/S, 재고관리, 반품지원)을 하지 않습니다.

어떤 제품은 유통 시장 진입 전부터 가격이 무너져 있습니다. 많은 제품이 제조사의 단독 결정 또는 지인 위주의 시장조사를 통해 만들어집니다. 유통을 시작하면서 제품이 판매되지 않고, 시간이 지날수록 소비자, 유통채널 담당자가 제품을 원하지 않는다는 것을 알게 됩니다. 현금 확보를 위해 공급(제조)사가 가격을 낮춰 유통(판매)하게 되고, 제조가격보다 낮게 제품을 넘기기도 합니다. 이렇게 스스로 경험하고 깨닫기 전에 시작하는 유통은 실패할 확률이 높습니다. 유통은 쉬운 것 같지만 쉽지 않습니다. 예측 못 하는 일들이 많이 발생하기 때문입니다. 괜히 했나 후회가 되고, 사업을 접기도 합니다. 그래서 유통의 실수를 줄이기 위해 유통기준을 세워야 합니다.

제품 출시까지는 시장조사, 제품기획, 제조, 보완의 제조 과정을 거칩니다. 그러나 대부분 제조사의 현실은 넉넉하지 않은 자금으로 단계를 줄여 제품이 출시됩니다. 일단 제품이 출시되면 가격이 무너지지 않게 유통관리를 잘해야 합니다. 그러기 위해서는 다음을 참고해야 합니다. 첫째, 5~10개 이상 중복되지 않는 유통채널 담당자에게 제품 취급 여부를 확인해서 제품이 경쟁력이 있는지 시장조사를 합니다. 둘째, 가격이 무너지지 않는 유통기준을 세우고 유통설계를 합니다. 셋째, 제품 브랜드를 알리는 B2C 판매와 유통을 진행합니다. 넷째, 가격이 무너지지 않는다면, 다양한 유통채널에 제품의 제안 및 공급을 합니다. 유통채널은 SNS를 통한 공동구매, 마케팅 유통채널, 종합몰, 회원 자사몰, 복지몰·폐쇄몰, 기업특판, 오프라인 등 다양합니다.

가격준수 유통은 시간이 지날수록 제품공급을 할 수 있는 유통채널이 증가합니다. 유통기준을 세워 유통설계, 유통을 진행해도 바로 매출이 오르고 브랜드가 알려지지는 않습니다. 그래도 가격이 무너져서 다시는 회복하지 못하는 것보다는 가격준수 유통이 낫습니다.

유통 설계하기

[자료1] 유통의 설계 및 진행 과정

유통설계는 제품의 현재 유통위치를 정확하게 인지하고 있어야 합니다. 제품을 지켜주는 유통사 전문가와 유통채널 담당자를 만날 수 있도록 유통설계를 해야 합니다.

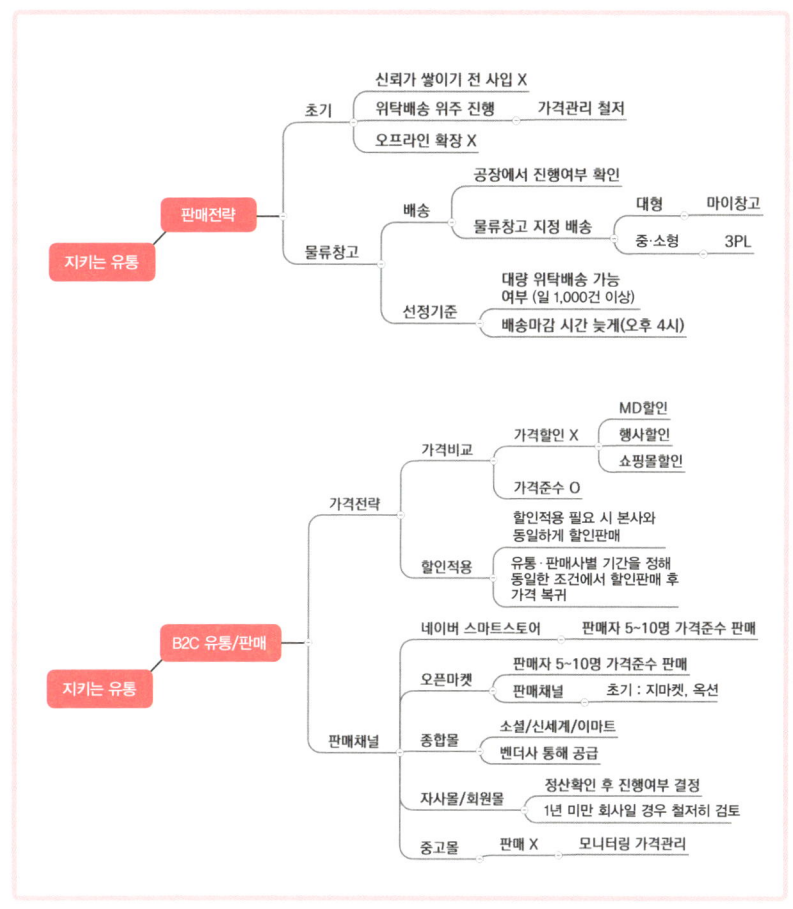

[자료2] 유통스타트 제품의 유통기준 세우기(마인드젯 프로그램)

유통설계를 통해 유통이 진행되면 제품이 유통 시장에서 자리를 잡을 수 있는지, 투자 손실을 줄일 수 있는지 확인해야 합니다. 또한 유통현장에서 제품을 지켜주는 유통채널을 찾을 때까지 유통설계를 수정·보완해야 합니다.

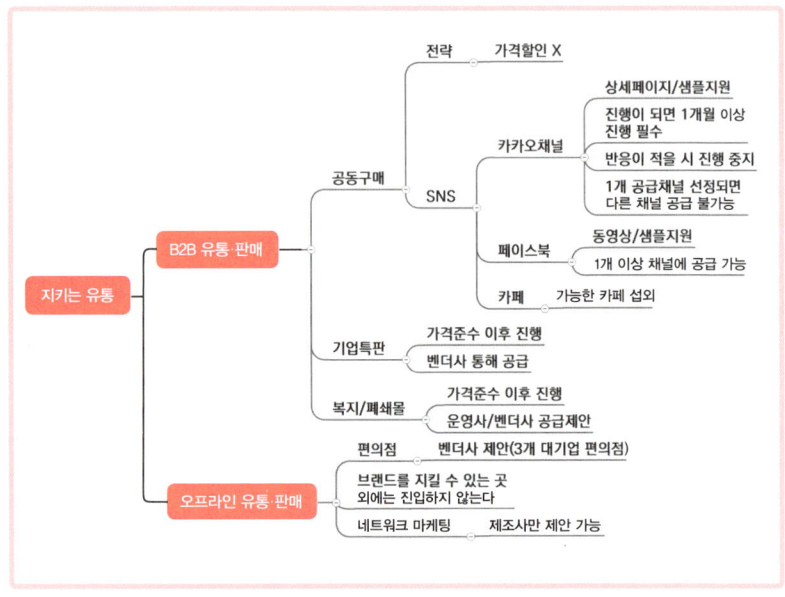

[자료2-1] 유통스타트 제품의 유통기준 세우기(마인드젯 프로그램)

변하지 않는 유통,
살아남을 확률은?

과거부터 현재까지 변하지 않는 유통이 있습니다. 그런 유통의 특징은 무엇일까요? 첫 번째, 가격관리가 되지 않고 유통이 됩니다. 모든 제품이 가격준수를 할 필요는 없지만, 신뢰가 적은 유통채널과 판매사에 제품이 공급되면 가격이 무너지고 브랜드가 망가질 수 있습니다.

두 번째, 제품이 매출 제품인지 마케팅 제품인지 모르고 유통합니다. 소비자에게 조금만 알려져도 유통이 되는 제품이 있지만, 마케팅을 통해 브랜드를 알려야 유통이 되는 제품이 있습니다. 대부분 후자입니다. 소비자는 모르는 회사의 제품에 쉽게 지갑을 열지 않습니다.

그래서 마케팅이 필요합니다.

세 번째, 유통계획을 세우지 않습니다. 제품의 매출 목표와 유통 진행 계획도 세우지 않고 유통을 합니다. 유통채널에 제품제안을 하고, 담당자 미팅도 열심히 다닙니다. 그러나 시간이 지날수록 제품이 시장에서 매력이 없다는 것을 알게 됩니다. 그때 계획을 세워도 이미 늦었습니다.

제품이 살아남기 위해서는 유통의 맷집을 키우고 버틸 수 있어야 합니다. 그래야 유통의 운이 왔을 때 그것을 잡을 수 있습니다. 주위에 많은 유통채널과 판매사가 있지만, 제품을 지켜주는 곳을 만나기 쉽지 않습니다. 그래서 유통기준에 따라 제품제안을 해야 합니다. 그리고 가격을 무너뜨리지 않고 제품을 지켜주는 유통채널인지 파악해야 합니다. 특히 공급(제조)사의 단독 결정, 지인을 통한 시장조사를 거쳐 만든 제품이라면 여러 유통채널에서 유통진행 여부를 빠르게 조사해야 합니다.

유통채널의 담당자(MD)는 공급(제조, 수입)사 제품을 소비자에게 판매할지 말지 빠르게 결정합니다. 유통채널의 소비자들이 원하는 제품이라고 판단되면 입점과 판매가 진행됩니다. 입점이 안 되더라도 제품의 시장반응을 알게 됩니다. 여러 유통채널에서 제품이 선정되지 않는다면 공급(제조)사에서 제품개선 후 유통과 판매를 계속할지, 현재 상태에서 유통사업을 접어야 할지 고민할 수도 있습니다. 그래야 어려운 상황까지 가는 것을 미리 막을 수 있습니다. 많은 제품이 유통되지만, 소비자의 선택을 받는 제품은 생각보다 적습니다.

찾아가는 제조사 vs 찾아오는 유통채널

유통채널이 유명해지면 제품제안이 많이 옵니다. 제품을 검토할 시간도 부족하고, 제품을 소싱하러 다닐 시간도 없습니다. 공급(제조)사는 C/S 문제가 발생하면 적극적으로 지원해줍니다. 정산도 유통채널에 맞춰 이뤄집니다.

일반 유통채널에서 제조사에 제품소싱을 하기 위해 연락합니다. 공급(제조)사는 의심하고 깐깐하게 대합니다. 정산도 제조사에 맞춰 이뤄집니다. C/S 문제가 발생하면 적극적으로 지원해주지 않습니다. 두 유통채널의 차이가 느껴지나요?

유명한 유통채널도 시간이 지나면 처음만큼 제품제안이 오지 않습니다. 제품제안이 오지만 판매가 어려운 제품이 많습니다. 유통채널에 맞는 제품소싱이 어렵다는 것을 알게 되고, 제품소싱이 중요하다는 것도 깨닫게 됩니다.

　유통채널은 좋은 제품의 소싱을 원합니다. 그러나 현실은 매출에 도움이 되는 제품보다 마케팅과 시간을 투자해야 하는 제품이 많습니다. 왜 그럴까요? 시장조사 없이 만든 제품과 가격이 무너진 제품이 많기 때문입니다. 유통을 시작할 무렵 지인으로부터 "유통으로 돈을 벌기 시작하고 유명해지면 제품제안을 많이 받게 된다"라는 말을 듣곤 했습니다. 이제는 그것이 무슨 말인지 알 것 같습니다. 유통채널이 유명해지면 제품이 몰리고 좋은 제품을 만날 확률이 높아집니다. 유명한 유통채널의 매출이 많은 이유입니다.

　가격이 무너지지 않는 제품은 마케팅과 시간을 투자해야 하긴 하지만, 유통채널 입점 요건만 갖추면 가격이 무너진 제품보다 유통(판매)될 확률이 높습니다.

　몇 년 전까지는 많은 제품을 보유하면서 제품마다 소량 판매를 해도 먹고살 수 있었습니다. 그러나 요즘은 매출은 늘지만, 이익이 줄고 있습니다. 경쟁하듯 가격을 낮추는 유통을 하기 때문입니다. 매출이 늘수록 비용도 많이 발생하기 때문에 유통비용을 제하고 나면 이익이 적습니다.

　유통은 진화하고 있습니다. 유통에서 살아남기 위한 선택의 시간이 다가오고 있습니다. 많은 제품보다 돈이 되는 한두 개 제품의 유통이 유리할 수 있습니다. 제품이 많다면 돈이 되는 제품이 존재할 확률도 높습니다. 그런데 제품이 많을수록 제품관리가 쉽지 않고 모든 제품을 최신 트렌드에 맞춰 유통할 수 없습니다. 시간이 지날수록 소비자와 거리가 먼 제품을 많이 보유하면 위기가 올 수 있습니다. 과다 재고와 유통기간의 도래 등 문제가 터지기 전에 보유하고 있는 제품의 정리를 과감하게 해야 합니다. 살아남아야 기회가 다시 옵니다. 그리고 살아남을 수 있는 유통채널을 계속 찾아야 합니다.

존재하는 시장과
개척하는 시장에서 살아남기

유통에 처음 발을 내디뎠을 때입니다. 마케팅만 잘하면 브랜드를 만들고, 유통도 쉬울 것이라 생각했습니다. 유통을 시작해보니 마케팅으로는 넘을 수 없는 한계를 알게 되었습니다. 그 이유는 유통이 마케팅보다 광범위하기 때문입니다.

유통은 마케팅과 함께 진행하면 유리합니다. 유통과 마케팅 계획을 세우고 함께 진행하면 유통결과를 빠르게 확인할 수 있습니다. 빠른 유통결과는 유통을 확장할지, 보완할지, 다시는 회복하기 어려운 상황까지 가기 전에 접을지 판단하는 데 도움이 됩니다. 유통과 마케팅을 함께 진행했는데 결과가 안 좋을 수도 있습니다.

많은 제품이 출시되어 유통의 바다로 나옵니다. 소비자에게 시장이 형성된 한 제품이 출시되었습니다. 제품 브랜드가 유명해지면 돈 냄새를 맡은 유통사가 제품을 사입합니다. 공급(제조)사는 현금이 확보되기 때문에 사입하는 유통사를 싫어하지 않습니다. 단, 제품가격을 무너뜨리지 않는 조건으로 공급합니다. 그런데 만약 사입한 제품이 판매되지 않고 재고가 물류창고에 쌓여 있다고 합시다. 유통기한이 점점 가까워집니다. 사입한 유통사는 마음이 조급해지기 시작합니다. 사입의 조건은 가격을 무너뜨리지 않는 것이었지만, 제품의 재고를 줄이기 위해 유통채널을 가리지 않고 제품을 공급합니다. 어느 날부터 공급(제조)사에 판매가격이 무너져 있다는 소식이 들려오기 시작합니다. 사입한 제품은 공급(제조)사가 제재하기 어려우므로 제품 브랜드가 망가지기 전에 결국 공급(제조)사가 다시 제품을 사들이고 유통 시장을 안정시켜야 합니다.

이번에는 시장이 형성되지 않은 제품이 출시되었습니다. 다양한 유통채널에 제품이 공급되었습니다. 예상했던 것보다 소비자가 구매하지 않습니다. 일회성 제품이 아니라면 소비자는 시장이 형성되지 않고 익숙하지 않은 브랜드를 살지 말지 고민합니다. 그래서 마케팅이 중요합니다. 인터넷과 휴대전화로 검색 포털에서 제품명을 검색 시 가격준수 판매가 되어 있고, 뉴스기사나 체험후기 등 마케팅이 되어 있다면 소비자가 제품을 구매할 확률이 높아집니다.

소비자는 마케팅이 되어 있는 제품을 그렇지 않은 제품보다는 신뢰합니다. 시장이 형성되기 전에 제품가격이 무너지면 다양한 유통채널에 제품제안을 하기가 쉽지 않습니다. 그렇게 되면 유통이 어려워질 수 있습니다.

시장이 형성된 제품이든, 이제 막 시장에 진출한 제품이든 모두 가격이 무너지지 않게 24시간, 365일 가격관리를 해야 합니다. 눈과 귀를 열어놓고 가격이 무너지지 않게 관리한다면 제품을 지켜주는 유통채널이 오랫동안 제품을 유통(판매)할 것입니다. 만약 가격관리가 되지 않는다면 가격을 무너뜨리는 유통사가 주위에서 항상 대기하고 있다는 사실을 기억해야 합니다.

선택된 제품에
기회가 있다

　　유통채널은 시간이 지날수록 제품소싱이 중요하다는 것을 깨닫게 됩니다. 그래서 각종 전시회, 세미나에 참석하며 새로운 제품을 소싱합니다. 그리고 온라인과 모바일 유통모임에도 가입해 제품소싱 공지도 올리고 열심히 활동합니다. 한 온라인 유통카페를 통해 제품을 구한다는 글을 남겨봅니다. 공급(제조)사 댓글이 달리고, 많은 제품제안이 이메일을 통해 왔습니다. 제품의 검토를 시작합니다. 주어진 시간 안에 제품을 검토해야 합니다. 유통채널과 맞지 않는 제품은 내용을 자세히 검토하지 않고 패스합니다. 그러다보면 판매할 수 있는 제품이 그리 많지 않습니다.

그중에서 괜찮다고 생각한 제품은 시장조사를 시작합니다. 포털에서 제품 키워드 검색을 합니다. 쇼핑검색에서 가격이 무너져 있습니다. 패스해버립니다. 가격이 무너진 제품은 더는 시장조사를 하지 않습니다. 어떤 제품은 제품 키워드 검색을 했는데 쇼핑검색도 노출이 안되고, 제품과 관련한 뉴스기사나 블로그 등 마케팅이 전혀 안되어 있습니다. 패스하기는 아깝고 좀 더 기다리기로 합니다. 결국, 유통채널 판매의 순위가 뒤로 밀립니다. 유통채널 담당자는 소비자 관점에서 제품을 바라봅니다. 담당자가 사고 싶지 않은 제품을 판매할 수는 없습니다.

유통이 시작되면 제품 브랜드를 알리는 기본적인 마케팅을 해야 합니다. 예산에 맞춰 매체를 선택하고 마케팅을 진행합니다. 체험마케팅, 뉴스기사, 쇼핑검색, SNS, 유튜브 동영상을 통해 제품 브랜드를 알려야 합니다. 소비자와 마찬가지로 유통채널의 담당자도 제품 정보를 참고하기 때문입니다. 마케팅은 유통현장에서 소비자 및 유통채널 담당자의 반응을 보면서 계속할지 중지할지 결정하면 됩니다. 광고대행사에 무턱대고 광고를 맡기는 건 돈을 그저 갖다 바치는 일입니다.

브랜드를 만들기 위해서는 많은 마케팅 비용과 시간이 소요됩니다. 출시된 제품 중에는 경쟁사 제품 몇 개만 참고해서 비슷하게 만든 제품도 많습니다. 잘못된 유통을 시작하면 회복이 어려운 상황까지 갈 수 있으므로 유통 시장에 대한 조사를 미리 해야 합니다.

출시된 제품의 유통 시장을 조사할 때는 중복되지 않게 유통채널을 선정합니다. 예를 들면 B2C 도매플랫폼, 마케팅 유통, SNS 공동구매, 복지몰과 폐쇄몰, 기업특판, 종합몰, 오프라인 등 유통채널이 중복되지 않게 제품제안을 합니다. 우선 유통채널 담당자들의 유통과 판매 의사를 파악합니다.

유명한 유통채널은 다른 제품제안도 많이 들어오기 때문에 제품검토가 밀리는 경우가 있습니다. 몇몇 유통채널에서 판매하기로 연락이 온다면 제품에 경쟁력이 있다고 파악할 수 있습니다. 연락이 아예 안 오기도 합니다. 유통을 계속할지, 시간을 두고 제품보완 후 유통할지 결정해야 합니다.

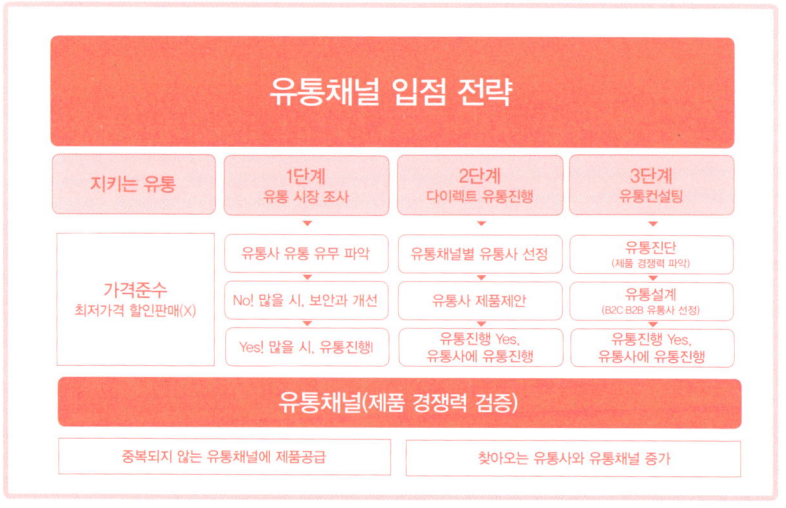

[자료3] 유통채널 입점 전략

많은 돈과 시간을 투자해 제품을 개발했는데, 다시 보완하기란 쉽지 않습니다. 소비자는 한 번 구매한 제품의 만족도가 낮으면 같은 제품을 다시는 구매하지 않습니다. 제품을 판매한 유통채널의 신뢰도 동시에 낮아집니다. 제품의 재고를 줄이려고 급하게 유통을 하다 보면 가격이 무너지고 유통이 잘못되고 있다는 사실을 깨닫지 못할 수 있습니다. 느리지만 가격을 무너뜨리지 않고 브랜드를 단계적으로 알리고 유통채널에서 연락이 올 수 있도록 마케팅과 유통을 한다면 제품을 지켜주는 좋은 유통채널을 만날 수 있습니다. 유통채널의 담당자가 제품에 관심이 있다면 그것은 소비자에게 알려지는 기회로 연결될 것입니다.

2장

유통 버티기, 유통맷집 키우기

제조사의 착각은 위기다

　제조사가 흔히 하는 착각의 첫 번째는 '우리 제조사가 만든 제품이 최고'라는 것입니다. 안 알려진 비브랜드 제품은 소비자가 지갑을 쉽게 열지 않습니다. 유통채널 담당자도 처음에는 지켜봅니다. 경쟁제품이 없다면 마케팅을 통해 유통 시장을 만들어야 합니다. 그리고 경쟁제품이 있다면, 유통채널에서 한 번 이상 소비자에게 노출된 제품은 판매가격에 민감합니다. 기존제품과 가격이 비슷하나 차별화된 특징이 있으면 유통채널 담당자가 검토라도 합니다. 그러나 가격이 높으면 경쟁제품을 알려주면서 가격 때문에 유통이 어렵다고 이야기합니다. 좋은 원료로 제품을 만들었다고 어필을 해도 비슷한 기존제품의 판매가격에 맞춰달라고 합니다. 이런 이유로 경쟁제품이 입점이 안 된 유통채널을 찾아 제품제안을 해야 합니다.

두 번째는 '내가 원하는 유통채널을 만나고 싶다'는 생각입니다. 유통채널에 맞는 유통조건(제품카테고리, 판매가격, 공급가격, 위탁배송, 정산일, C/S 등)이 충족되어야 제품제안 및 담당자 미팅도 가능합니다. 판매가격이 들쭉날쭉한 제품이라면, 제품제안을 해도 유통채널 담당자에게서 연락이 오지 않을 수 있습니다.

세 번째는 얕은 유통경험과 지식으로 유통채널을 판단하고 있다는 것입니다. 유통채널에 입점이 되자마자 매출로 이어지는 건 아닙니다. 제품테스트 및 시장조사에 통과된 제품만 메인 유통채널에서 판매됩니다. 유통확장도 됩니다. 그리고 제조사가 배송, C/S 지원, 제품반품 등 원활하게 지원을 하는지 기간을 두고 지켜본 후 본격적으로 유통을 합니다. 제조사의 실수 하나가 유통채널 신뢰에 타격을 입힐 수 있기 때문입니다. 제조사의 유통수준이 높아야 제품을 지켜주는 유통채널을 만나게 됩니다.

유통이 잘되기 위해서는 첫째, 유통기준(공급가격, 판매가격, 가격 준수 또는 자율, 배송비 포함 또는 별도, 해외배송 가능 또는 불가능, 위탁배송 물류창고 또는 공급사가 직접, 정산일 제조사 기준 또는 유통채널 기준, 반품기준, 상세페이지 제공, 제품자료 제공, 법적인 문제 확인 및 해결(과대광고, 개별인증 등))을 세워야 합니다.

둘째, 유통진행 계획을 세우고, 유통기준에 맞춰 다양한 유통채널을 찾아 단계별로 제품의 제안 및 공급을 합니다.

셋째, 브랜드를 알려야 합니다. 공급(제조)사가 마케팅 의지가 없으면서 유통사가 마케팅을 해야 한다는 생각은 버리는 게 좋습니다. 과거처럼 공급가를 낮게 제공해도 유통(판매)사가 적극적으로 마케팅과 판매를 하지 않습니다. 제조사가 제품 브랜드 마케팅을 받쳐주면, 유통과 판매사는 마케팅을 통해 매출을 일으킵니다.

넷째, 재고관리와 C/S 지원을 제대로 해야 합니다. 공급(제조)사에서 주문 당일 제품이 품절되었다고 연락이 옵니다. 또는 C/S는 알아서 처리하라고 합니다. 제품 클레임으로 제조사에 항의해야 하는데 유통(판매)사는 바쁘게 돌아가므로 손해를 떠안고 넘어가는 경우가 생깁니다. 제품을 지켜주는 유통아군을 보호하지 못한다면, 위기가 왔을 때 유통(판매)사는 미련 없이 떠나버립니다.

유통이 언제나 좋은 결과로 이어지지는 않습니다. 기본적인 유통기준과 유통계획 없이, 그리고 C/S 지원을 제대로 안 하면서 잘되기를 바란다면 수준 낮은 유통사를 만나게 됩니다. 공급(제조)사가 유통 수준을 높이면 그에 맞는 좋은 유통채널을 만나 매출로 그 결과를 보답받을 수 있을 것입니다.

샘플은
득일까? 독일까?

　샘플도 마케팅입니다. 샘플의 활용 계획이 없으면 제품유통과 상관없는 지인, 유통채널에 샘플을 제공합니다. 그러나 샘플을 제공한 만큼 좋은 결과를 얻지 못합니다. 샘플이 필요한 지인, 유통채널에 제공하면 제품사용의 피드백을 받을 수 있으므로 제품의 시장조사에 도움이 됩니다. 원하지도 않는데 샘플을 주는 것은 제공하는 쪽에도 도움이 되지 않고, 샘플을 받는 사람도 고마워하지 않습니다. 회사 자금이 여유로워 샘플을 많이 뿌리면 제품의 홍보에 도움이 될 수 있습니다. 그러나 자금이 여유롭지 않다면 샘플의 활용 계획을 세워 계획에 따라 제공해야 합니다.

샘플의 활용 계획은 어려운 게 아닙니다. 출시한 지 얼마 안 된 제품과 브랜드가 알려진 제품은 샘플의 활용 계획에 차이가 있습니다. 출시한 지 얼마 안 된 제품은 검색 포털에서 제품명 검색 시 사용후기가 검색될 수 있도록 체험단에 샘플을 제공해야 합니다. 몇 회 진행할지만 결정하면 됩니다. 그리고 유통채널에도 샘플을 제공합니다. 알려진 유통채널에는 무료샘플을 제공해도 됩니다. 그러나 검증이 안 된 유통(판매)사에 무턱대고 샘플을 주면 안 됩니다. 처음에는 공급가격으로 제공하고, 괜찮은 회사면 나중에 샘플을 무료로 지원하면 됩니다. 좋은 유통(판매)사는 무료샘플을 무리하게 요구하지 않습니다. 샘플을 제공하는 이유는 유통진행 여부를 확인하려는 것입니다. 유통채널에서 취급하는 제품카테고리가 아닌데 샘플을 제공하는 것은 마케팅 실패, 시간 낭비일 수 있습니다. 샘플을 제공하기 전에 유통(판매)사가 취급하는 제품카테고리, 판매가격, 공급가격, 위탁배송 및 사입 여부 등의 정보를 먼저 확인 후 제품과 맞는 유통채널이라고 판단되면 샘플을 제공해야 합니다. 유통계획 및 유통채널 확인 없이 샘플을 남발하면 제품의 시장조사에 도움이 되지 않습니다. 그리고 제품에 맞는 유통채널을 찾는 데도 도움이 되지 않습니다.

좋은 유통(판매)사는 유통할 제품이 아닌데 샘플을 받으면 부담스러워합니다. 가끔 샘플을 쉽게 받는 유통채널이 있는데, 유통(판매)할 제품이 아니면 샘플을 받아서는 안 됩니다. 공급(제조)사에게 샘플을 받기 전에 유통진행 여부를 미리 말해주면 오히려 도움이 됩니다. 그러면 샘플을 받아도 부담스럽지 않습니다. 샘플을 습관적으로 받는 유통(판매)사는 제품을 소중하게 생각하지 않지만, 샘플을 소중하게 생각하는 유통채널은 제품을 지켜주고 가격을 무너뜨리지 않습니다.

샘플을 제공하고도 얻는 게 없다면 제품에 문제가 있다고 봐야 합니다. 또는 제품과 맞는 유통채널을 찾지 못한 것일 수 있습니다. 유통경험이 부족할 때는 샘플을 여기저기 나눠주는 것보다 제품 브랜드를 알리는 마케팅에 비용과 시간을 투자하는 게 낫습니다.

"제품 구합니다"와 전시회의 함정

 공급(제조)사는 유통채널 담당자를 만나기 위해 세미나에 참석하고, 전시회를 통해 제품을 홍보합니다. 전시회장에서는 유통 담당자나 소비자에게 많은 관심을 받습니다. 유통 담당자의 명함도 받습니다. 그런데 시간이 지날수록 제품에 대한 질문도 귀찮습니다. 영혼이 없는 반복적인 설명을 할 뿐입니다. 이것은 잘되는 전시회의 경우입니다. 전시회가 끝나고 자세한 협의를 위해 연락을 합니다. 그런데 명함을 받았던 유통채널 담당자와 연락이 안 됩니다. 그나마 연락이 닿아도 유통채널에서 요구하는 조건에 맞춰 공급하기가 어렵습니다. 전시회에서 관심을 받았지만, 유통은 잘 풀리지 않습니다. 그리고 바쁘다는 이유로 그저 받아두었던 많은 명함을 찾아 일일이 연락하기도 귀찮습니다. 이메일로 제품자료를 보내고 마무리합니다. 전시회 성격을 정확히 파악하지 않고 참석하면 이렇듯 안 좋은 결과로 끝납니다.

전시회장은 많은 사람이 오가기 때문에 누가 유통 전문가인지 알 수 없습니다. 오히려 비전문가에게 샘플도 주고, 연락을 하게 됩니다. 샘플만 얻어가는 사람들도 많습니다. 실제 유통까지 진행이 가능한 유통(판매)사를 만나기 위해 전시회에 참석했는데, 들인 시간과 비용 대비 얻는 성과는 적습니다.

전시회장에는 제품소싱을 위해 유통의 고수들이 많이 방문합니다. 유통채널과 방문객이 뒤섞여 고수인지 모를 뿐입니다. 유통채널은 제품이 독보적이라면 취급할 것입니다. 경쟁사가 있는 제품일 경우, 유통사에 성의 없이 대한다면 '굳이 이 제품을 취급해야 하나?'라는 생각을 할 수 있습니다. 제품유통(판매)의 기회가 멀어져버리는 것입니다. 그러므로 전시회장에서는 유통의 비고수(샘플헌터)와 고수를 구분하는 방법을 알아야 합니다. 비고수는 제품의 특징파악 및 시장조사 없이 즉흥적이고 주관적인 유통견해를 말합니다. 그 말대로라면 유통이 잘되어 대박이 날 것 같습니다. 반대로 유통의 고수는 제품에 대해 자세히 물어봅니다. 제품에 대해 부정적인 질문도 합니다. 비고수와 샘플헌터들이 있는 경우 옆에서 지켜보기도 합니다. 그들은 유통공급의 기준 없이 "제품이 유통과 판매만 하면 되지"라는 식으로 공급하는 공급(제조)사 제품은 가격이 무너지고 브랜드가 망가질 수 있기 때문에 취급하지 않습니다.

전시회에서 받은 명함 중에 유통채널을 분석할 시간이 필요합니다. 분석이 끝나면 제품공급의 기준을 세우고 유통진행의 순서를 정해 연락 및 방문을 통해 유통채널을 확인한 후 제품을 공급하면 위험은 줄이면서 매출을 일으킬 수 있습니다. 전시회는 주최사가 어디인지, 작년 전시회 관련 정보(전시회 결과, 평가, 후기 등)는 어떤지 확인한 후 참가 결정을 해야 합니다. 그리고 제품의 시장조사인지, 유통바이어를 만나려는 것인지 전시회의 참가 목적이 분명해야 합니다. 전시회를 통해 장사하는 회사가 많이 참석하면 원하는 전시회의 목적과 달리 제품에 관심 없는 소비자와 유통사를 많이 만날 수 있습니다.

공급(제조)사는 인터넷이나 모바일에서 "제품 구합니다"라는 내용을 보고 제품제안을 합니다. 그런데 이 경우 의심 없이 이메일로 제품자료를 보냅니다. 문제는 공급가격을 쉽게 노출해버린다는 것입니다. 특히 유통을 처음 시작하는 공급(제조)사가 이런 실수를 많이 합니다. 여기저기 공급가격이 노출되고, 가격정보가 공유되면 어느 날 노출된 공급가격보다 낮은 공급가격을 원하는 유명 유통채널을 만나게 됩니다. 그런데 제품공급을 할 수 없습니다. 공급가격을 더 낮추면 손해이기 때문입니다.

눈에 보이지 않는 유통채널도 많습니다. 유통공급의 기준을 세워 가격을 무너뜨리지 않는 유통채널을 찾아 제품공급을 한다면 유통네트워크가 만들어지고 꾸준한 매출이 발생합니다. 이메일로 제품제안을 받는 유통채널이 많은데, 제품제안을 할 때 유통채널의 회사명, 담당자 이름, 연락처 요청을 해야 합니다. 그리고 회사를 방문하거나 담당자 미팅을 통해 회사를 확인해야 합니다. 욕심 때문에 보고 싶은 대로 보고, 믿고 싶은 대로 믿을 때 유통사고가 납니다. 그리고 공급(제조)사의 잦은 실수 중 하나는 제품제안을 했던 유통채널에서 연락이 왔을 때, "어디라고요?" 되묻는 것입니다. 과연, 그 말을 들은 유통채널 담당자의 기분은 어떨까요?

유통의 격을
높여라

유통수준이 높은 회사를 만나야 공급(제조)사와 유통채널 모두 도움이 됩니다. '끼리끼리'라는 단어가 바라보는 상황에 따라 안 좋게 느껴질 수도 있지만, 유통도 '끼리끼리' 만납니다. 망하지 않는다면 공급(제조)사는 유통경험이 쌓입니다. 좋은 경험이 쌓이게 되면 유통수준이 올라갑니다. 그리고 유통채널 지원을 아낌없이 하게 되고, 제품을 지켜주는 유통채널을 만나게 됩니다.

유통수준이 처음부터 높은 건 아닙니다. 가격을 무너뜨리기도 하고, 유통채널 지원도 하지 않는 실패경험을 겪으면서 제품을 지키기 위해 어떤 유통채널을 만나야 하는지 알게 됩니다. 유통경험이 쌓이지 않으면 유통수준이 낮을 수밖에 없습니다. 몸에 배어 있는 친절과 지식이 많다고 유통수준이 높은 건 아닙니다.

처음 유통을 시작하면 좋은 유통채널인지 아닌지 구분하기 어렵습니다. 초기에는 매출을 앞세워 다가오는 유통사에 제품을 공급하게 됩니다. 제품을 매출의 한 부분으로 생각하는 유통사를 만나면 매출 위주 유통을 해서 언젠가는 가격을 무너뜨려버립니다. 공급(제조)사는 매출이 발생하기 때문에 가격이 무너져도 처음에는 상관하지 않습니다. 그러다 매출이 줄어드는 시점이 되면 유통사는 가격을 무너뜨리고 더는 제품유통을 하지 않습니다. 이것은 일부 잘못된 유통의 이야기입니다.

유통의 고수와 사기꾼은 종이 한 장 차이입니다. 유통경험이 쌓이지 않으면 유통의 고수를 만나도 고수인지 알 수 없습니다. 매출 기준으로 바라보는 공급(제조)사는 눈에 보이는 이득만 보기 때문에 스스로 함정에 빠지기도 합니다. 시간이 지나 유통경험이 쌓이면 분별하는 안목이 생깁니다. 그리고 어떤 유통채널에 제품을 공급해야 하는지 알게 되고, 제품공급과 지원을 아끼지 않습니다. 이렇게 함께 성장하는 밑거름이 만들어집니다. 이제 비로소 유통수준이 갖추어졌습니다. 유통의 격을 갖추게 되면 소비자에게 제품 브랜드가 알려지면서 다양한 유통전문가와 제품을 지키는 유통채널 담당자에게서 연락이 옵니다.

망하게 하는 제조사?
성공시키는 제조사?

　많은 제조사, 수입사와 유통에 관한 상담을 했습니다. 몇몇 제품은 직접 유통을 했습니다. 그런데 지금까지 공급이 유지되는 제품은 많지 않습니다. 그 이유는 다음과 같습니다. 첫째, 매출이 적어서 공급이 중지되었습니다. 둘째, 공급사가 사업을 접어 중지되었습니다. 셋째, 가격이 무너져 공급을 안 받기도 합니다.

　유통이 시작되면 공급(제조)사는 초기에는 유통채널에 우호적입니다. 유통과 판매가 시작됩니다. 주문이 많습니다. 주문이 많으면 소비자 클레임이 발생합니다. 대부분 클레임은 제품의 단순반품, 하자반품이 많습니다. 제품교환도 발생합니다. 이때, 유통경험이 많은 공급(제조)사는 매월 클레임 시 지원 가능 수량을 정합니다. 그리고 클레임이 오면 적극적으로 지원합니다. 유통경험이 적은 공급(제조)사는 클레임이 발생하면 나쁜 소비자로 바라보며 유통채널 탓을 합니다. 유통채널은 클레임이 오면 부담스럽습니다. 클레임이 올 때 적극적으로 지원하는 공급(제조)사, 소비자와 유통채널 탓으로 돌리는 공급(제조)사 중 어떤 공급사의 제품이 좋은 결과로 이어질까요?

유통채널에게 스트레스를 주어서는 안 됩니다. 좋은 제품이지만 스트레스가 따르는 제품은 적극적으로 유통(판매)하지 않기 때문입니다. 유통채널에 도움이 되는 공급(제조)사의 지원 방법은 다음과 같습니다.

첫 번째, 정산입니다. 유통채널이 적극적으로 유통과 판매를 할 수 있도록 정산일을 유통채널에 맞춰줍니다. 만약 브랜드가 알려지지 않았는데도 제품 사입 요구가 있다면, 그것은 자금확보에 도움은 되지만 제품가격을 무너뜨리는 빌미를 제공할 수 있습니다.

두 번째, 소비자 C/S 지원입니다. 유통채널은 공급(제조)사만큼 제품을 잘 모릅니다. 그래서 제품에 대한 클레임이 오면 실수할 수 있습니다. 실수에 대한 부담감이 생기면 클레임에 적극적으로 임하지 않고, 매출에 악영향을 줄 수 있습니다. 초기에는 제품 Q&A를 만들어 유통채널에 제공하면 소비자 응대에 도움이 됩니다. 또는 공급(제조)사에서 직접 소비자 상담 지원을 통해 클레임을 해결해줍니다.

세 번째, 제품의 반품에 대한 부분은 마케팅 비용으로 책정합니다. 유통채널에서 소비자 클레임은 제품의 단순반품(소비자 주문 후 배송 전 취소, 배송 후 취소, 제품 도착 후 취소 등)과 제품의 하자반품(제품 불량, 주문과 다른 제품 배송 등)이 많습니다. 매월 지원 가능한 수량을 정해 반품을 지원하면 유통채널과 신뢰가 쌓이고 매출에도 도움이 됩니다.

네 번째, 사람관리입니다. 처음부터 유통을 잘하는 곳은 없습니다. 유통과 판매가 궤도에 오를 때까지 기다려줘야 합니다. 제품이 소중하듯 소중한 제품을 유통하는 유통채널도 소중히 대해야 합니다. 위기가 왔을 때, 유통채널은 마지막까지 유통과 판매로 제품을 지켜줄 것입니다.

제품을 지켜주는
유통채널 찾는 방법

처음부터 좋은 유통채널을 선별할 방법은 없습니다. 유통채널에 제품을 공급한 후 유통이 진행되면 좋은 유통채널인지 아닌지 알 수 있습니다. 요즘은 과거보다 쉽게 유통을 합니다. 상점이 필요 없고, 제품의 재고를 가지고 있을 필요가 없습니다. 인터넷과 모바일에서 손가락으로 유통하는 시대가 되었습니다. 얼굴을 마주 보지 않고 제품공급을 하고, 주문하고, 배송하고, 정산합니다. 많은 부분이 편리합니다. 그런데 문제가 발생하면 본인 입장은 중요하고 상대방 입장은 관심이 없습니다. 얼굴을 보면서 이야기하면 쉽게 해결될 일이 오히려 더 꼬이기도 합니다.

이런 시대에 어떻게 하면 유통을 잘할 수 있을까요? 답은 있습니다. 제품을 유통(판매)해주는 유통채널을 계속 찾는 것입니다. 최고의 마케팅 회사, 유명한 유통채널에 제품을 공급하면 소비자 지갑을 열 수 있을까요? 그럴 수도 있고 아닐 수도 있습니다. 제품마다 연령별, 성별, 판매금액 등의 유통환경이 충족될 때 구매가 이루어집니다.

몇 년 전 일주일 이상 미세먼지가 전국을 뒤덮은 적이 있습니다. 그해 미세먼지 방지 마스크 제품은 출시되자마자 품절되었습니다. 제품이 없어서 못 팔았습니다. '하늘이 준 기회가 이런 것이구나' 하고 그때 알았습니다. 재미있는 사실은, 정작 공급(제조)사는 국내의 대기가 안 좋아서 매출이 많이 일어나고 있는 형편이라 한편으로는 미안한 생각이 들어 웃을 수도 없었다고 합니다.

유통은 운이 따라야 합니다. 준비한 제품이 트렌드와 맞아떨어질 때가 있습니다. 현재 유통이 어렵다고 가만히 있으면 운은 비켜 갑니다. 또한 가격을 무너뜨린다면 그 운은 다른 제품에게 가버립니다. 기회가 올 때까지 버티고, 가격을 무너뜨리지 않았을 때, 운이 오면 붙잡을 수 있습니다.

대부분 유통채널 담당자의 얼굴도 모르면서 제품제안과 제품공급을 합니다. 신뢰할 수 있는 유통채널인지 확인하거나 의심조차 하지 않습니다. 단지 내 제품이 유통되기만을 바랄 뿐입니다. 네이버 카페와 밴드, 다음 카카오 동호회 및 모임에서는 유통세미나를 진행하고 있습니다. 어떤 회사는 바빠서 세미나에 나올 시간이 없다고 합니다. 어떤 회사는 시간을 내서 서먹함을 무릅쓰고 참석합니다. 그리고 샘플도 가지고 옵니다. 세미나에 참석하면 유통채널 담당자를 직접 확인할 수 있습니다. 유통채널의 담당자도 눈으로 직접 제품 확인이 되기 때문에 결정을 빨리 내릴 수 있습니다. 유통까지 이어지지 않더라도 유통채널 네트워크가 생깁니다.

검증되지 않은 유통채널에 막 뿌리는 듯한 제품제안 및 제품공급은 가격관리가 어려울 수 있습니다. 가격이 어디서부터 어떻게 무너졌는지 파악할 수 없는 것입니다. 매출이 많을 때는 제품을 지켜주는 유통채널이 보이지 않습니다. 매출이 적어 어려움이 생기면 제품가격을 무너뜨리지 않고 유통과 판매하는 유통채널이 보이기 시작합니다. 끝까지 도와주는 유통채널을 곁에 두느냐는 공급(제조)사의 몫입니다.

과거에서
탈출하다

 유통으로 10년 이상 알고 지낸 분들이 어느 날부터 안 보이기 시작합니다. 반면에 10년 전부터 알고 지낸 분 중에 유통으로 자리를 잡은 분들도 있습니다. 유명한 회사도 여럿 있습니다. 비슷한 시점에 시작했는데, 왜 결과가 다를까요?

 과거의 유통은 변화가 빠르지 않았습니다. 몇몇 유통채널의 유통만으로 제품 브랜드가 유명해졌습니다. 그리고 브랜드가 오랫동안 유지되었습니다. 참 좋은 시절이었습니다. 요즘의 유통채널은 아는 곳보다 모르는 곳이 더 많습니다. 지금도 새로운 유통채널이 생겨나고 있습니다. 유통트렌드가 빠르게 변하고, 진화하고 있습니다. 소비자 트렌드의 변화 속도에 유통이 따라가기도 버겁지만, 유통을 접을 수도 없습니다. 유통 외에 다른 대안을 찾기도 어렵습니다.

　유통이 일단 자리가 잡히면 안주하려는 마음이 생깁니다. 그리고 쉽게 유통을 하려고 합니다. 유통트렌드에 민감하지 않고, 자기만의 유통세계에 빠져 있습니다. 새로운 유통네트워크를 찾거나 만나지 않습니다. 자, 세월이 흘러 어떻게 될까요? 현재 트렌드와 먼 제품을 유통하는 횟수가 늘어나고, 재고가 창고에 쌓입니다. 어떤 제품이 창고에 있는지 파악조차 안 됩니다. 유통기한이 지난 제품이 몇 개나 있는지, 가격이 얼마나 되는지도 모릅니다. 창고가 점점 비좁아집니다. 창고비용과 직원의 인건비가 부담되기 시작합니다.

　앞으로 유통은 더 빨리 변할 것입니다. 그리고 계속 진화할 것입니다. 과거에 자리 잡은 유통채널이라도 변화에 민감하지 못하면 사라질 수 있습니다. 유통은 현장에 있어야 합니다. 현장에서 답을 찾아야 합니다. 과거 열광했던 드라마, 가수, 연예인, 유행도 빠르게 변했습니다. 유행은 돌고 돈다고 합니다. 그런데 유행이 과거와 똑같을 수는 없습니다. 과거 유행과 비슷하게 보이지만, 현시대에 맞게 진화했기 때문입니다.

　최근 과거의 향수를 유발하는 드라마와 영화를 본 10대, 20대가 과거로 되돌아간 것 같은 커피숍 매장에 몰린다는 기사를 본 적이 있습니다. 10대, 20대는 새로운 것을 찾아다니고, 자랑하는 모바일 세

대입니다. 콘텐츠와 스토리를 계속 개발해 재방문이 늘도록 자극을 줘야 합니다. 그렇지 않으면 한 번은 관심을 받겠지만, 언젠가는 그들의 방문이 줄어들 것입니다. 유통도 비슷합니다. 현재 트렌드에 자극을 받지 않고 과거 방식대로 유통을 계속한다면 언젠가는 끝이 오게 됩니다. 다시는 회복할 수 없는 'THE END', 끝이 될 수 있습니다.

잘 버티고
있나요?

유통으로 현재까지 살아남았습니다. 계속 살아남을 수 있을지 불안합니다. 유통의 한계를 느낍니다. 그래서 제조(OEM·ODM)와 수입을 하게 됩니다. 또는 제품카테고리의 수를 늘립니다. 유통채널도 확장합니다. 그런데 제조가 생각대로 진행되지 않습니다. 계약 시 제조금액과 달리 원재료 상승으로 공장에서 추가 제조비를 요구합니다. 공장을 대체할 수 없다면 추가 제조비를 주게 됩니다. 제조가 순탄치 않을 것 같아 고민됩니다.

어떤 유통회사는 제품카테고리를 늘려 다양한 유통채널에 제품을 공급합니다. 다다익선 유통전략으로 제품공급을 밀어붙입니다.

일은 많아지지만 매출은 예상만큼 많지 않습니다. 그리고 매출대비 수익도 적습니다. 비용도 늘어납니다. 살아남기 위해 새로운 유통전략이 필요한 상황입니다.

앞선 내용의 일부는 실제 사례입니다. 현재 이와 비슷한 상황이라면 위기에 처할 확률이 높습니다. 과거의 유통습관을 벗어나지 못하면 잠시 살아남아도 반복적으로 위기가 옵니다. 유통의 밑천이 드러나게 됩니다.

이제는 혼자 살아남기 어려운 시대가 되었습니다. 그렇다면 유통을 접어야 할까요? 그렇지 않습니다. 기회는 있습니다. 바로 과거에 그 기회가 있습니다. 과거의 유통습관에서 벗어나야 한다고 했는데, 무슨 말일까요? 이 과거는 과거의 유통방식, 유통습관을 말하는 게 아닙니다. 유통을 시작할 때, 새로운 제품과 유통을 접했을 때 대했던 마음가짐과 행동을 다시 되새겨보라는 것입니다.

그리고 신제품에도 기회가 있습니다. 브랜드 제품을 유통하면 매출은 많지만, 공급가격이 높아 이익이 적습니다. 시간과 노력에 비해 돈을 벌지 못할 수 있습니다. 비브랜드의 신제품을 유통하면 시간이 걸릴 수 있습니다. 그런데 브랜드가 알려지기 시작하고 매출이 늘어나게 되면 공급가격이 낮아 이익이 높습니다. 가격이 무너지지 않는다면, 오랫동안 매출이 유지될 것입니다.

3장

유통의 위기,
유통기준 세우기

억울할 시간이 없다

건강식품 중에 해독작용이 뛰어난 식물성 원료로 만든 제품이 있었습니다. 종편 TV에서 건강에 도움이 되는 제품으로 방영되었고, 인기가 뜨거워졌습니다. 제품을 유통하기로 하고 먼저 공동구매, 기업특판 유통채널에 제품제안을 했습니다. 공동구매 채널은 바로 진행하기로 했습니다. 특판은 선물용으로 검토하겠다고 했습니다.

공동구매 판매가 시작되자 매출로 이어졌습니다. 예상보다 주문이 많았습니다. '효자 상품이 되겠구나. 돈도 벌겠구나!'라는 생각으로 들떠 있었습니다. 계속 주문이 들어왔습니다. 매출만 생각했습니다. 그런데 놓친 부분이 있었습니다. 저만 독점 판매하는 제품이 아니라는 것입니다. 생각하기 싫은 일이 일어났습니다. 주문 당일 오후에 재고가 없어 배송할 수 없다고 연락이 왔습니다. 더는 주문을 받지 말라고 합니다. 머릿속이 하얘졌습니다.

TV에서 방영되고 인기 있는 제품이라면 다른 유통사들도 유통과 판매를 한다는 것을 놓쳤습니다. '아차' 싶었습니다. 알아보니 더 많은 매출을 일으키는 곳도 있었습니다. 대량으로 제품을 사입하는 유통사도 있었습니다. 그래도 수습은 해야 합니다. 판매되고 있는 공동구매 채널에 사정을 이야기하고 양해를 구했습니다. 유통채널에 품절 이전, 품절 이후 주문한 소비자로 나누어 안내 문구와 조치방법을 다르게 알려주었습니다. 제조사에 연락해서 사정을 말하고 간절하게 도와달라고 부탁했습니다. 다행히 가장 먼저 입고가 되어 며칠 만에 모두 배송 완료, 마무리되었습니다. 이것은 과거에도 현재에도 미래에도 발생할 수 있는 유통의 이야기입니다.

혹시 '아도 친다'라는 말을 들어본 적 있으신가요? 일본어에서 비롯된 은어입니다. 화투를 칠 때 나머지 돈 모두를 걸면 '아도 친다'라고 표현합니다. 유통에서는 물건을 살 때 몽땅 사는 것을 '아도 친다'고 합니다. 제품 중에 유통채널과 소비자가 찾는 제품이 있습니다. 제품 브랜드가 알려지고 매출이 증가하는 시점이 오게 됩니다. 이것은 제품 출시 때부터 유통과 판매를 했던 유통사에도 기회입니다. 그런데 잘될 시점에 누군가 나타나서 제품을 독점해버립니다. 기존 유통과 판매를 했던 회사는 제조사가 아닌 독점회사를 통해 공급을 받아야 합니다. 화가 나고 억울합니다. 내 비즈니스를 누군가에게 빼앗긴 느낌입니다. 이건 놀랄 이야기도 아닙니다. 과거부터 오늘날까지 존재하는 유통 이야기이자, 미래의 유통 이야기일 수 있습니다.

그런데 제조(공급)사 입장에서 바라보면 이해할 수도 있습니다. 제조(공급)사는 투자한 만큼 현금이 빨리 들어와야 다시 제품을 만들 수 있습니다. 제조는 공장이 멈추면 안 됩니다. 제품은 출시와 함께 재고가 됩니다. 출시되면서부터 유통기한의 압박을 받기 시작합니다. 일반적인 유통과 판매사는 위탁판매, 제품 사입의 수량이 많지 않습니다. 제조사 입장에서는 유통기한의 압박을 해결해주는 회사가 나타나면 좋지 않을까요? 그들은 정산도 현금으로 바로 지급해줍니다.

아직도 억울한가요? 억울할 시간이 없습니다. 유통의 힘을 키워야 합니다.

중간유통의 미래가
불투명하다

과거와 달리 유통은 한 개 채널이 아닌 다양한 유통채널에 제품공급과 유통을 해야 합니다. 한 개 채널로는 수익이 점점 줄어들고 있기 때문입니다. 제품소싱도 어려워지고 있습니다. 제조사가 유통채널에 제품제안, 제품공급을 하고 직접 유통팀을 꾸리기도 합니다. 가격이 무너진 제품으로 유통을 하게 되면 유통과 판매에 따른 비용대비 수익이 적습니다. 자금 여유가 없으면 브랜드 제품, 시장에서 팔릴 만한 제품 확보도 어렵습니다. 영세한 유통사가 점점 늘어나고 있고, 유통으로만 먹고살기가 만만치 않습니다.

유통은 돈이 돈을 버는 구조입니다. 과거 유통을 잘하는 회사를 보면 독점제품을 찾아 총판계약 후 유통을 했습니다. 예전에는 오프라인, 온라인의 채널 몇 군데에 제품을 공급만 해도 유통(판매)이 잘되었습니다. 소비자가 몇몇 유통채널에 몰려 있었기 때문입니다. 그래서 신제품을 출시하면 완판되었습니다. 즉, 몰이식 유통이 가능했습니다. 그러나 이제는 총판유통이 예전 같지 않습니다. 유통트렌드가 너무 빨리 변하고, 소비자의 구매패턴을 예측하기 어려워서 독점제품이 과거보다 성공보장이 낮습니다. 제품 선정을 잘못하면 한 방에 갈 수 있습니다. 상황이 회복하지 못할 정도로 악화되기도 합니다. 그런데 소비자로서는 유통채널이 다양해지면서 선택의 폭이 넓어지고 유리해졌습니다.

트렌드의 변화가 빨라지면서 신제품이 중고제품으로 변하는 주기도 짧아졌습니다. 신제품이 바로 중고제품이 되기도 합니다. 신제품 같은 중고제품을 소비자로서는 싸게 살 방법이 많아졌습니다. 이런 유통흐름 속에서 가격을 지키는 것은 무척 어렵습니다.

유통은 생각보다 일이 많습니다. 처음 유통을 시작할 때 주위 이야기를 듣고, 남의 일처럼 기웃거릴 때는 쉬워 보입니다. 그러나 유통세계에 들어서면서 하나씩 보이기 시작합니다. 우선 제품소싱을 해야 합니다. 소싱 제품의 주문이 오면 공급(제조)사에 주문내용을 정리해서 보냅니다. 송장번호를 공급(제조)사에서 전달받아 유통(판매)사에 보냅니다. 소비자 불만, 제품반품 C/S 응대를 공급(제조)사 및 유통

⁽판매⁾사 양쪽에 맞춰 처리합니다. 정산도 양쪽에 맞춰 처리합니다. 세금계산서도 마찬가지입니다. 어떤 제품은 사무실에서 포장과 택배까지 처리합니다. 일이 너무 많으면 직원도 채용하고, 사무실 임대비용, 인건비, 경비 등을 제하고 나면 나에게 떨어지는 돈이 너무 적습니다.

중간도매는 과거부터 필요했던 유통입니다. 그래서 도매사이트가 생겨나고 현재까지 자리를 잡았습니다. 지금도 새로운 중간도매 사이트가 생겨나고 있습니다. 그런데, 현재의 중간도매는 일하는 만큼 수익이 나지 않습니다. 제조사와 직접 거래하려는 유통⁽판매⁾사가 늘고 있고, 유통의 중간단계를 줄이기 위한 유통플랫폼이 계속 생겨나기 때문에 중간도매의 입지는 점점 줄어들 것입니다.

위탁배송의 함정

　유통을 시작하면 택배 서비스를 접하게 됩니다. 여러 택배회사가 있습니다. 택배회사를 이용하는 유통⁽판매⁾사는 택배비에 민감해서, 택배회사를 선택하는 기준도 처음 택배를 보낼 때 들어가는 비용입니다. 요즘은 택배비용도 최저가 경쟁이 치열합니다. 유통⁽판매⁾사 입장에서는 경비를 줄일 수 있어서 중요합니다.

　어느 날, 잘 포장해서 문제없이 보냈는데 파손이 되었다고 연락이 옵니다. 교환해줍니다. 그런데 비슷한 건으로 소비자에게 또 연락이 옵니다. 어떤 경우에는 도착이 안 되었다고 합니다. 송장번호 조회를 해보니 도착 완료로 나옵니다. 진상 소비자인 줄 알고 말다툼을 하기도 합니다. 추적해보니 중간 택배 과정에서 제품이 분실되어 제품을 찾을 수 없다고 합니다. 때론 파손되기도 합니다. 소비자가 전화를 받지 않아 문 앞에 두고 갔는데 분실되기도 합니다. 이런 일은 한 번쯤 겪어보았을 것입니다.

소비자는 배송문제가 생기면 대부분 택배회사로 연락하지 않습니다. 유통(판매)사에 연락합니다. 배송문제로 주문취소 및 반품을 하면 유통(판매)사가 손해를 떠안는 경우가 많습니다. 유통(판매)사는 택배회사에 항의할 시간에 물건 한 개 더 유통(판매)하는 게 낫다고 생각합니다.

배송문제 발생 시, 소비자가 유통(판매)사에 항의하기 전에 택배회사가 소비자에게 연락해서 문제를 해결해준다면 배송비용이 조금 비싸더라도 유통사가 이용하지 않을까요? 앞으로는 프리미엄 배송서비스가 필요합니다. 택배비용 최저가 경쟁으로는 택배회사 부담이 누적됩니다. 누적된 부담은 고스란히 소비자가 돌려받게 됩니다.

유통을 시작하면 처음에는 직접 포장하고 택배를 보냅니다. 포장과 택배가 즐겁습니다. 주문이 늘기 시작합니다. 포장과 택배를 보내는 일이 많아져 분주해집니다. 그래도 즐겁습니다. 어느 날 주문이 폭발적으로 늘어납니다. 직원, 그리고 가족과 지인까지 동원해 포장하고 택배를 보냅니다. 힘들지만 매출이 늘어나 즐겁습니다. 그런데 내일도, 모레도 계속 주문이 엄청 많습니다. 어느새 포장과 택배 보내는 일이 주력 업무가 됩니다. 회사 직원들이 기존 일보다 포장과 택배가 중요한 업무라고 생각합니다. 포장과 택배 일 외에 다른 일을 시키면 불만을 표출하기도 합니다.

어떤 회사는 제품을 회사가 아닌 물류창고에 보관합니다. 주문이 오면 물류창고에 주문발주를 보내고, 송장번호를 받아 유통채널 및 소비자에게 보냅니다. 폭발적으로 주문이 와도 주문, 배송, C/S 직원 외 도움이 필요하지 않습니다. 포장과 택배 보내는 일이 주력 업무가 되면 기획, 마케팅, 디자인 등 원래 업무가 택배 일보다 뒤로 밀리기도 합니다. 시간이 지나면 잘나가던 제품도 매출이 줄게 되고, 새로운 제품으로 갈아타야 합니다. 그런데 새로운 제품이 없습니다. 담당자에게 원래 일은 왜 안 했는지 탓합니다. 그러자 불만이 쌓여 회사를 떠나는 직원도 생깁니다.

회사에서 직접 포장과 택배를 보내는 회사와 물류창고에 제품을 보관하고 포장과 택배를 보내는 회사 중 어떤 회사가 성장할까요? 폭발적으로 주문이 늘어나도 직원 본연의 업무에 방해가 안 되는 회사가 유리할 것입니다. 물류창고에 제품을 보관하고 유통하는 회사는 직원들의 능력이 성장할수록 회사가 발전할 것이고, 살아남을 수 있습니다. 유통은 안되면 최악이지만, 잘돼도 고민거리가 늘어납니다.

유통의 시작점을
다시 찾아라

　유통은 잘될 때도 있지만 안될 때도 있습니다. 안될 때는 정리도 안되고 분주하기만 합니다. 잘못된 폭주 기차를 타고 돌아올 수 없는 강을 건너버리기 전에 안되는 이유를 빨리 찾아야 합니다. 안되는 이유를 찾으려면 되돌아볼 수 있는 시간과 마음의 여유가 있어야 문제가 객관적으로 보입니다. 준비 부족이었는지, 유통프로세스가 어긋났는지, 가격관리 문제가 있는지, 사람 문제인지, 매력이 없는지, 마케팅이 부족한지 등등 그 이유를 찾아 보완하고, 다시 유통해야 합니다. 그런데 문제가 복잡하게 얽혀 있고, 시간이 오래 걸릴 것 같으면 접는 게 낫습니다. 그래야 한 번 더 유통의 기회를 얻을 수 있습니다.

위기가 오면 신중하되 빠른 결단이 필요합니다.

유통의 기준을 다시 점검하는 것은 시작점입니다. 유통의 기준이 흔들리면 주위 환경과 사람들의 의견에 섞여 유통의 방향을 잃고 헤매게 됩니다. 거듭 이야기하지만, 유통의 시작점에서 가격이 무너지면 안 됩니다. 문제가 생기면 빠른 시일 내에 문제점을 찾아 문제가 커지기 전으로 되돌려야 합니다. 문제를 해결하고 나면 제품유통이 가능한 유통채널을 찾아 계속해서 제품제안을 해야 합니다. 그리고 네이버 카페와 밴드, 다음 카카오 모임에서 주최하는 유통세미나에 참석하면 도움이 됩니다.

제품과 유통채널도 궁합이 있습니다. 그리고 기회가 올 때까지 버틸 수 있는 유통맷집을 키워야 합니다. 하늘은 가만히 기다리는 사람에게 기회를 주지 않습니다. 유통현장에서 열심히 뛰어다니는 준비된 제품과 사람에게 그 기회가 옵니다.

오프라인은 앞으로도
건재할 수 있을까?

　오프라인 매장의 매출이 마이너스 성장을 하고 있다는 뉴스를 자주 접합니다. 아직은 오프라인 유통채널에 맞는 제품과 소비자가 존재합니다. 그러나 오프라인에 방문하는 소비자가 언제까지 유지가 될지 알 수 없습니다. 대형할인점은 종합몰입니다. 몇 개 제품과 매장에 소비자가 많이 몰립니다. 그런데 전체 매장은 소비자가 적습니다. 이 상태가 유지되면 대형할인점은 살아남기 어려울 수 있습니다. 대기업은 이미 대형할인점을 줄이고 모바일 유통으로 옷을 갈아입기 시작했습니다. 오프라인을 운영하는 유통채널은 새로운 돌파구를 찾아야 합니다. 벌써 늦었는지도 모릅니다.

오프라인의 장점은 직접 보고, 입고, 먹어볼 수 있는 재미와 제품 할인을 받을 수 있다는 것입니다. 재미와 할인, 일거양득의 효과를 누릴 수 있었습니다. 그런데 온라인 쇼핑몰이 생기면서 오프라인보다 할인판매를 합니다. 백화점, 마트를 찾는 젊은 소비자들은 휴대전화로 가격 검색을 하면서 쇼핑을 합니다. 현명한 소비를 하는 것 같습니다. 그런데 유통구조가 무너져 있다는 것은 모릅니다. 소비자가 최저가격 제품에 길들여지면 제품을 만드는 회사는 최저가격에 맞추기 위해 좋은 원료로 제품을 만들지 않게 됩니다. 결국 최종 피해는 소비자가 떠안을 수 있습니다.

최저가격이 아니더라도 제품을 구매하는 소비자도 존재합니다. 오프라인과 온라인에서 제품가격을 동일하게 판매하는 곳이 생겨나고 있습니다. 소비자로서는 제품구매에 대한 스트레스를 줄여주기 때문에 가격이 아닌 제품에 관심을 두게 됩니다. 온라인 및 오프라인에서 가격준수 판매가 되는 제품은 스토리와 콘텐츠가 중요하게 되었습니다.

그렇다면 오프라인 유통을 하는 회사는 어떻게 해야 살아남을까요? 첫째, 비용이 새고 있는 곳을 찾아야 합니다. 무리한 임대료와 인건비를 지양하고, 현장경험이 없는 지인 및 주변 이야기만 듣고 새로운 비즈니스에 투자하면 안 됩니다. 또한, 현장 실무자를 배제하고 CEO가 감을 내세우며 즉흥적으로 결정하면 문제가 발생할 수 있습니다. 이렇게 되면 문제 수습에 시간과 비용을 낭비하게 됩니다.

둘째, 회사 위치와 사무실 구조를 바꿔야 합니다. 사람이 모이는 곳에 돈이 모입니다. 회사를 쉽게 찾아올 수 있도록 회사 위치를 옮기고, 사무실 구조를 변경해야 합니다. 제품을 전시하는 공간을 만들어 바로 미팅할 수 있어야 합니다. 건물 1층에 제품전시와 판매공간이 있다면 주위 건물 사람들을 대상으로 제품의 시장조사를 위해 전시 및 판매를 합니다. 사전 현장의 소비자 반응을 통해 제품의 유통전략을 세울 수 있습니다. 직접 구매하기 어려운 제품이라면 미리 온라인과 모바일에서 주문할 수 있게 지원합니다.

셋째, 유통현장에 있는 직원을 믿어야 합니다. 과거에 성공한 분 중에 아는 지식은 많고 남의 말을 듣지 않는 분이 있습니다. 젊은 직원들을 수평적인 관계가 아닌 수직적인 관계로 하대합니다. 현장의 소리를 경청하지 않습니다. 시간이 지날수록 회사를 위해 옳은 이야기를 하는 사람은 줄고, 아부하는 사람과 무능력한 사람만 남을 수 있습니다. 그리고 회사에 위기가 오면 직원 탓을 합니다. 가장 큰 문제는 본인이 문제가 없다고 생각하는 것입니다.

과거의 성공 이야기는 현재 유통트렌드와는 먼 이야기일 수 있습니다. 유통현장에서 열심히 뛰어다니는 현장 직원의 말에 귀를 기울여야 합니다. 모든 일에 간섭하면 직원은 바보가 됩니다. 직원이 실수할 수도 있습니다. 경험 부족의 한계는 있겠지만, 실수도 발전하는 과정이기 때문에 그 과정을 지켜보고, 성장할 때까지 보완해준다면 시간이 지날수록 직원도 성장하고 회사도 발전하는 윈윈 관계가 될 것입니다.

공급가격을 낮게 하면
안 되는 이유

유통에서 쉽게 접하는 채널은 네이버 스마트스토어, 오픈마켓입니다. 많은 공급(제조)사가 이러한 B2C 판매를 먼저 시작합니다. 직접 판매도 하지만, 위탁배송 판매사에 제품을 공급합니다. 유통경험이 부족하면 다양한 유통채널이 있는지 모르기 때문에 제품의 공급가격을 낮게 공급합니다. 당연히 그러면 유통(판매)사는 좋아합니다.

공급(제조)사는 공급가를 낮게 주면 유통(판매)사가 알아서 마케팅도 하고 판매도 잘할 거라고 착각합니다. 그러나 유통(판매)사는 낮은 공급가로 받았다고 먼저 마케팅을 하지 않습니다. 다른 판매사가 가격을 무너뜨릴 수도 있고, 제조사가 공급을 중지할 수도 있다는 불안

감 때문에 먼저 마케팅을 하지 않는 것입니다. 공급(제조)사와 유통(판매)사 사이에는 유통을 바라보는 데 차이가 있습니다.

처음부터 제품의 공급가격을 낮게 제공하면 안 되는 이유가 있습니다. 주문이 적으면 그 문제가 보이지 않지만, 주문이 많으면 문제가 보이기 시작합니다. 어떤 문제가 발생할까요?

주문이 늘면 비용이 추가로 발생합니다. 직접 포장과 택배를 보내는 경우 포장과 배송인력을 충원하게 됩니다. C/S가 증가해서 C/S 인력도 충원합니다. 그리고 포장과 택배 업무에 많은 시간을 빼앗기고 업무시간이 연장됩니다. 예상치 못한 비용 발생으로 공급가를 올리겠다고 유통(판매)사에 통보합니다. 유통(판매)사는 공급가격 인상에 수긍은 하지만 기분이 좋지 않습니다. 공급가격이 왜 인상되었는지 안내했지만, 공급(제조)사와 유통(판매)사의 신뢰에는 금이 갑니다. 이와 같은 경험을 통해 앞으로 어떻게 유통을 해야 할지 하나씩 알게 됩니다.

비용을 줄이기 위해서는 물류창고(3PL)에 제품을 보내서 주문만 처리하고 포장과 배송을 맡기면 됩니다. 주문이 폭주하면 물류창고도 마비될 수 있으므로 배송 마감 시간에 맞춰 주문이 특정 시간에 몰리지 않도록 조절이 필요합니다. C/S는 FAQ를 사전에 준비해서 지원합니다. 그리고 유통채널마다 주문양식이 다르다면 주문처리에 따른 시간 낭비를 줄일 수 있게 표준주문양식으로 통일시켜야 합니다.

공급(제조)사는 제품을 만들 때 제조원가 기준으로 공급가격과 판매가격을 정합니다. 많은 공급(제조)사가 유통에 들어가는 마케팅 비용과 추가로 발생하는 인건비, 경비를 고려하지 않고 공급가격과 판매가격을 정합니다. 주문이 늘어 매출이 늘었는데 이익이 적다는 이야기가 나오는 이유입니다. 이러면 적극적으로 유통채널을 확장할 수 없습니다.

소비자는 가격이 할인된 제품만 찾지 않습니다. 소비자는 원하는 제품이라면 가격과 상관없이 구매합니다. 전 국민 대상으로 제품을 공급하는 시대는 끝났습니다. 제품을 애용하는 소비자를 찾아 공급하면 됩니다. 간혹 공급(제조)사에서 매출을 늘리는 방법이 있는지 질문합니다. 저는 주저없이 없다고 말합니다. 매출을 늘리는 방법은 열심히 제품 브랜드를 알리고, 다양한 유통채널에 제품을 공급하는 길밖에 없습니다. 유통에는 요행이 없습니다.

제품을 공급한다면 B2C 위탁판매만 하는 곳보다 회원이 확보된 자사몰을 운영하면서 B2C 위탁판매를 하는 곳이 유리합니다. 그리고 종합몰 같은 경우는 제품과 회원층이 포괄적이기 때문에 명확한 제품카테고리와 회원을 보유한 전문몰이 유리할 수 있습니다.

공급가격을 미리
정하면 망한다

공급(제조)사가 유통초기에 저지르는 첫 번째 실수는 모든 유통채널에 제품 공급가격을 동일하게 하는 것입니다. 유통과 판매가 시작되면서 다양한 유통채널이 있다는 것을 알게 되고, 다양한 유통채널에 제품제안을 합니다. 그런데 연락이 없습니다. 왜 그럴까요? 유통채널마다 소비자 성격(연령, 성별, 판매가격, 제품카테고리 등)이 제품결정에 50% 이상 영향을 미치기 때문입니다. 그다음에 공급가격이 맞아야 합니다.

제품의 시장조사 및 유통기준 없이 공급가격을 정하면 제품제안을 할 수 있는 곳이 많지 않습니다. 유명한 유통채널에는 공급가격과 판매가격을 낮춰 공급하는 경우가 생깁니다. 또는 회원이 많이 확보되어 있다는 것만으로 공급가격과 판매가격을 낮춰 공급하기도 합니다. 유통결과는 매출이 적습니다. 매출이 예상보다 적으면 공급가격과 판매가격을 다시 올려야 하는데 처음 공급했던 공급가격이 유지됩니다.

유통채널이 늘면 업무가 늘어납니다. 매출이 많든 적든 직원을 고용해야 합니다. 공급(제조)사는 계획에 없는 추가 비용이 발생합니다. 그리고 추가로 발생하는 비용이 제품의 공급가격에 반영되어야 하는데, 한번 정해진 공급가격은 올리기가 쉽지 않습니다. 대부분의 공급(제조)사가 비슷한 상황일 것입니다.

유통하기 전 제품의 객관적인 시장조사를 하면 공급가격을 정할 때 유리합니다. 그리고 시장조사에 맞춰 유통설계를 하고, 유통채널별 공급가격과 조절 가능한 금액도 정합니다. 유통채널에 공급가격과 판매가격을 정해 제품제안을 합니다. 그리고 유통채널에 맞춰 공급가격과 판매가격을 탄력적으로 조절합니다.

B2C몰 판매가격이 무너지면 조절 가능 금액도 무너지기 때문에 다양한 유통채널에 유통이 되기 전까지 무너지지 않도록 가격관리가 되어야 합니다. 가격이 무너지면 유통확장은 멈춥니다.

유통채널 중 다른 유통채널보다 공급가격이 낮은 곳이 있습니다. 바로 고속도로휴게소입니다. 고속도로휴게소의 유통사를 만나기도 어렵지만, 제품카테고리에 해당하고 제품공급이 가능하다면 국내 웬만한 유통채널에 제품공급 및 유통을 할 수 있습니다.

사장과 직원의
입장이 다르면?

저는 40대 초반까지 마케팅 및 온라인 지역커뮤니티 프로젝트를 진행했습니다. 그 당시에는 유통이 쉬워 보였지만, 생각해보면 유통도 모르면서 교만했던 것 같아 반성하고 있습니다.

비즈니스는 자기 자본금으로 하는 사업과 다른 회사(개인) 자본금으로 하는 사업의 마음가짐이 다릅니다. 과거 프로젝트를 진행할 때 회사의 자본금을 아낀다고 생각했습니다. 그런데 돈을 투자하는 회사(사람) 입장에서 보면 아낀 게 아니었습니다. 회사를 그만두고 자기 자본금으로 유통사업을 시작해보니 한 푼이라도 더 아끼려고 노력합니다. 사장은 자본금을 투자하기도 하고, 대출을 받아 사업을 성공시키기 위해 노력합니다. 머릿속은 온통 회사 생각뿐입니다. 회사를 성장시키기 위해 열심히 일하는 직원들이 많지만, 간혹 몇몇 직원은 일이 많다고, 월급이 적다고, 사장과 안 맞는다고 생각합니다.

시간이 지나 회사가 안정화되었습니다. 회사를 위해 사장이 가장 많은 희생을 했지만, 직원은 그렇게 생각하지 않습니다. 직원은 일이 많아지고 월급은 안 늘고 사장만 돈을 벌어간다고 생각합니다. 사장은 직원들의 눈치를 보기도 합니다.

어느 회사의 사장은 직원이 일을 안 한다고 생각합니다. 내부의 소리는 귀담아듣지 않고 직원이 능력이 없다고 생각합니다. 이런 사장 아래서는 직원은 입을 닫아버립니다. 사장은 외부에 자문을 구합니다. 직원은 열심히 일해도 인정받기 어렵다고 생각해 최선을 다해 일하지 않습니다. 사장과 직원의 생각이 이렇게 상반됩니다.

매출이 떨어지고 위기가 오면 사장은 직원 탓, 직원은 사장 탓만 하는 회사가 있습니다. 아무도 내 탓이라고 하지 않습니다. 본인 잘못은 하나도 없습니다. 결국, 헤어지고 나중에 사람이 중요하다는 것을 알게 됩니다. '조금만 참을 걸, 그때 왜 그랬을까?' 후회합니다. 또는 사람을 믿지 않게 되어 모든 일을 직접 나서서 처리하고 해결하려고 합니다.

내부 갈등을 완만하게 해결하는 회사는 사장과 직원의 협력이 잘 되기 때문에 위기가 와도 적극적으로 해결합니다. 그리고 계속해서 좋은 결과로 이어지게 됩니다. 회사가 성장하기 위해 외부 인재를 영입하는 것도 필요하지만, 그 전에 직원과 직원 사이, 사장과 직원 사이에서 서로 신뢰하는 회사 분위기를 만들어야 회사 발전에 도움이 됩니다.

예전에 모셨던 사장님 말씀이 떠오릅니다. "최고의 복지는 월급이 밀리지 않는 것이다." 이 말에 고개를 끄덕인다면 당신은 좋은 사장입니다.

잘되는 쇼핑몰에는
이유가 있다

대부분의 온라인몰은 오픈마켓, 종합몰, 네이버 스마트스토어 등 대기업 채널 위주로 돌아가고 있습니다. 대기업은 소비자를 길들이는 쪽으로 마케팅과 유통을 합니다. 그런데 사람들은 길들여지기도 하지만 한편으로 지루해합니다. 소비자는 계속 새로운 것을 찾습니다. 최근 모바일은 뜨거운 유통 시장입니다. 다양한 쇼핑앱 서비스가 몇 년 전부터 시작되었고, 소비자들은 휴대전화에 앱을 설치 후 쇼핑을 하고 제품을 구매합니다. 요즘에는 많은 사람들이 이용하고 있습니다. 그런데 사용 중인 앱보다 나은 서비스가 나타나면 소비자는 수평이동을 해버립니다. 설치는 많지만 사용하는 라이브 이용자가 없다면 죽은 서비스로 전락할 수 있습니다. 영원한 서비스는 없습니다.

매년 많은 쇼핑몰이 오픈합니다. 많은 분이 쇼핑몰을 쉽게 생각하고 시작하지만, 살아남는 쇼핑몰은 적습니다. 쇼핑몰 운영이 생각보다 만만치 않습니다. 쇼핑몰을 오픈하게 되면 제품소싱을 하고, 쇼핑몰을 알리는 브랜드 마케팅과 쇼핑몰에 입점되어 있는 제품의 마케팅도 진행합니다. 주문처리, 송장번호 등록, 정산관리, C/S 소비자 응대도 합니다. 쇼핑몰로 돈 버는 이야기에는 관심 있지만, 쇼핑몰 운영이 어렵다는 이야기는 잘 듣지 않습니다.

[자료4] 지역특산품을 판매하는 쇼핑몰   출처 : www.sgmarket.kr

앞의 자료는 전국의 지역특산품을 모아 소비자에게 판매하는 쇼핑몰의 모습입니다. 눈에 띄는 것은 공급자(생산자)를 인터뷰한 영상을 상세페이지와 함께 제공하고 있다는 사실입니다. 제품을 생산하는 공급자(생산자)의 인터뷰를 보면 제품을 신뢰할 수밖에 없습니다.

쇼핑몰이 잘되려면 콘셉트를 잘 정해야 합니다. 그리고 콘셉트에 맞는 제품소싱을 할 수 있어야 합니다. 앞서 쇼핑몰은 국내 제철 농수산물 쇼핑몰이라는 정확한 콘셉트와 제품소싱, 제품콘텐츠(상세페이지, 동영상) 3박자 모두가 잘되어 있습니다. 그리고 검색 포털에서 제품, 블로그(포스트) 후기, 동영상, 지식인 등 브랜드 마케팅도 잘되어 있습니다. 하루아침에 유명해진 쇼핑몰은 없습니다. 잘되는 쇼핑몰은 이유가 있습니다.

빈자리를 차지하다

유통이 어려워지고 있습니다. 그런데 유통은 사라지지 않고 그대로 존재합니다. 빠져나간 자리를 누군가는 메꾸기 때문입니다. 언젠가는 빠져나간 만큼 빈자리를 메꾸는 게 줄어드는 날이 올 수 있습니다. 어려울수록 현재 위치에서 살아남을 수 있는 유통을 찾아야 합니다. 유통현장에서 가까운 미래에 살아남기 위한 경험도 쌓고, 경험이 쌓이면 앞으로 나아가야 할 유통방향을 정해야 합니다. 머뭇거리면 누군가 먼저 시작합니다. 그러면 먼저 시작한 사람의 비즈니스가 돼버립니다.

인터넷 마케팅 매체의 제휴담당으로 일한 적이 있습니다. 마케팅

용어도 모른 채 먼저 부딪혀보자라는 식으로 광고대행사 담당자에게 연락하고 미팅하러 다녔습니다. 그때는 정말 무식했습니다. 어느 날 광고 경험이 많고 자신만의 광고 철학을 가지고 있는 담당자를 만나게 되었습니다. 미팅 중에 마케팅 매체 제휴담당이 마케팅 원리와 용어도 깊이 모르면서 미팅하러 왔냐고 물었습니다. 부드러운 어조였지만, 저에게는 따끔한 충고였습니다. 당황스럽고 자존심도 상해 기분도 좋지 않았습니다. 다음에 다시 연락하기로 하고 미팅을 끝냈습니다. 회사로 돌아가는 내내 창피했지만 반성하게 되었습니다. 회사로 돌아와 마케팅 용어를 정리하고 완전히 이해할 때까지 수십 번, 수백 번 반복해서 숙지하고 외웠습니다. 다양한 마케팅 세미나에도 참석했습니다. 그리고 마케팅 관련 책을 통해 열심히 공부했습니다.

세월이 흘러 '0.5 마케팅'이라는 저만의 마케팅 원칙과 철학이 만들어졌습니다. 0.5 마케팅 세미나도 주최하고, 알고 있는 지식과 정보를 전수해주었습니다. 그리고 광고주의 마케팅 진단을 통해 마케팅 수준 확인 및 마케팅 설계를 도와주었습니다. 몇몇 광고주 외에는 광고에 많은 예산을 투자하지 않습니다. 광고 예산이 적으면 적은 대로, 많으면 많은 대로 도움을 주었습니다. 마케팅도 소비자가 지갑을 열 수 있는 제품인지 시장조사가 먼저입니다. 그 다음에 연령별, 성별, 지역별, 가격대별 대상을 정해 해당하는 광고매체를 선정하고, 마케팅을 진행해야 합니다. 광고대행사 담당자 말에 현혹되어서는 안 됩니다.

유통도 마찬가지입니다. 많은 제품이 시장조사 및 유통기준을 세우지 않고 빠르게 다양한 유통경험을 통해 매출을 일으킵니다. 매출이 많으면 문제가 없습니다. 그런데 시장에서 원하지 않는 제품을 제조하고 매출만 일으키면 된다는 식으로 가격을 무너뜨리는 유통을 합니다. 그러면 유통의 방향이 어긋나게 됩니다. 돈이 계속 엉뚱한 곳으로 빠져나가기도 하고 위기가 올 수 있습니다. 유통기준을 세우지 않으면 돈을 쫓게 됩니다. 유통기준이 있는 경우 위기가 오면 문제점을 찾아 다시 그 기준대로 유통을 정비할 수 있습니다. 잠깐 손해는 보겠지만 회복하지 못할 정도로 무너지지 않습니다.

유통은 유통기준을 통해 기본기를 탄탄히 다져야 합니다. 유통네트워크도 잘 구축해야 합니다. 매출을 일으키는 유통채널을 찾아 꾸준히 제품공급을 해야 합니다. 유통정보가 너무 많으면 제품에 맞는 유통채널인지 결정하지 못하기도 합니다.

유통기준을 세워 매일, 매주, 매월, 분기별, 1년 동안 유통기준에 맞춰 유통채널을 찾아 네트워크를 만들고, 가격관리를 한다면 10년 후에도 살아남아 있을 것입니다.

성인사이트가 되다

　회사를 그만두고 쉬고 있는데 지인을 통해 프**골드라는 건강기능식품을 접하게 되었습니다. 샘플을 받았고, 집에 와서 복용하고 잠을 잤습니다. 아침에 눈을 떴는데 몸에서 반응을 보였습니다. 이 반응 때문에 유통을 시작하게 되었습니다. 이왕 유통세계에 몸을 담았기 때문에 제대로 하기로 마음먹었습니다. 먼저 본사보다 더 본사 같은 사이트를 만들기로 했습니다. 그리고 마케팅과 판매를 시작했습니다. 되돌아보니 많이 팔았습니다. 문의도 많이 왔습니다. 재구매가 50%를 넘었습니다. 시간이 지나 제품이 좋다고 소문이 나기 시작하고, 브랜드가 알려지면서 판매 경쟁이 과열되었습니다. 결국, B2C

오픈마켓에서 가격이 무너지고 유통이 엉망이 되었습니다.

본사는 유통을 정리하기로 했습니다. 하필 제품을 소개해준 지인이 문제를 일으킨 사람에 포함되어 본사의 눈 밖에 나면서부터 공급이 원활하지 않았습니다. 본사보다 더 본사 같은 사이트는 아무 역할을 할 수 없게 되었습니다.

그래서 돌파구로 다양한 건강식품의 쇼핑몰을 만들어 판매를 시작했습니다. 단일제품 소개 사이트에서 다양한 제품을 판매하는 건강식품 쇼핑몰로 바뀌었습니다. 그러나 건강식품 쇼핑몰은 예상보다 소비자가 찾지 않았습니다. 결국, 5년 넘게 운영한 사이트(도메인)를 접기로 하고 도메인 연장을 하지 않게 되어 자연스럽게 쇼핑몰 사업도 접게 되었습니다. 그런데 문제는 회사가 아직 존재하고, 유지되고 있다는 것입니다.

시간이 지나 우연히 인터넷에서 포기한 도메인 사이트를 방문하게 되었습니다. 놀라고 당황스러웠습니다. 도메인 헌터가 낙장된 도메인을 등록해서 성인사이트로 바꾸어버렸습니다. '아차' 싶었습니다. 다시 보고, 또 방문해보고 수십 번 확인했습니다. 명함이 떠올랐습니다. 제 명함에는 아주 선명하게 그 사이트 주소가 새겨져 있습니다. 아직 수백 장 남았고, 명함을 받은 분들이 사이트를 보면 성인사이트를 운영하는 사람으로 오해할 것 같습니다.

회사가 계속 유지된다면, 3년 이상 운영한 도메인을 쉽게 포기하지 말고, 다른 비즈니스 사이트에 포워딩이라도 해놓아야 회사 이미지를 유지할 수 있습니다. 사업을 시작하는 것만큼 사업을 접는 것도 중요합니다.

안전한 유통은 없다

　유통 초기에는 주변의 지인을 의지하게 됩니다. 그리고 유통채널 한 군데라도 더 만나기 위해 세미나, 전시회도 참가합니다. 시간을 들인 만큼 제품이 유통되면 괜찮습니다. 그런데 제품에 관심이 있는 유통채널이 적습니다. 유명한 유통채널은 많은 제품제안을 받습니다. 유통채널에서 원하는 제품카테고리가 아니면 제품은 선택받지 못합니다. 그리고 경쟁제품이 있고 독특한 제품이 아니면 다른 제품에 밀릴 확률이 높습니다. 제품과 맞는 유통채널을 어디에서 찾아야 할지 막막합니다. 보이지도 않고 아무도 알려주지도 않습니다.

　여기서 한 가지 팁을 말씀드리면, 제조사들은 제조사가 원하는 유통정보를 알고 있습니다. 제조사 모임, 유통세미나에 참석해서 경쟁 제품만 아니라면 제품케이스, 포장박스, 원료 및 유통 관련 정보를 공유할 수 있습니다. 그리고 제조사 입장에서 바라보는 객관적인 품평을 들을 수 있습니다. 유통채널 명함만 받지 말고 제조사 명함도 받는 게 도움이 됩니다.

매일 다양한 제품이 출시됩니다. 누구나 아는 유통채널은 제품제안에서부터 제품의 입점 후에도 경쟁이 치열합니다. 그리고 유명한 유통채널에서 모든 제품유통과 판매를 해결할 수 없습니다. 대형 유통채널 외에도 대안을 찾아야 하는데, 그것이 바로 새로운 유통채널입니다. 새로운 유통채널은 초기에 제품소싱이 어렵습니다. 그리고 가격이 무너진 제품제안을 많이 받기도 하므로, 가격이 무너지지 않는 제품제안이 오면 고마워합니다. 가격을 무너뜨리지 말라고 하면 열심히 가격을 지키면서 유통과 판매를 합니다.

대부분 공급(제조)사는 최선을 다해 유통(판매)사가 유통과 판매를 해주길 원합니다. 그런데 유통(판매)사가 브랜드를 이끌고 가는 데는 한계가 있습니다. 공급(제조)사가 마케팅 지원과 유통채널에 제품공급을 확장하면서 브랜드를 먼저 이끌고 가면, 유통(판매)사는 자신이 잘하는 유통과 판매에 집중해서 매출을 올립니다.

새로운 유통채널의 경우 유통사고 발생 확률이 높습니다. 그러나 반대로 생각하면 유통채널이 성장하면 제품도 함께 성장할 수 있습니다. 공급한 제품 브랜드도 알려지고 매출도 보장됩니다.

제조사는 소비자가 오랫동안 사용하는 제품을 만들고 싶어 합니다. 그리고 안전한 유통을 원합니다. 하지만, 안전한 유통은 없습니다. 소비트렌드가 빨리 변하기 때문에 제조사는 제품카테고리를 잘 선택해서 제조해야 합니다.

유통채널은 유통과 판매가 된 비슷한 제품은 보류할 수 있습니다. 제품을 알리기 위해 시간과 돈과 인력이 투자되었기 때문입니다. 굴러온 돌이 박힌 돌을 빼내려면 기존 유통제품보다 몇 배 이상 매력적이고 매출이 돼야 합니다. 그렇다고 머뭇거리면 안 됩니다. 정산 걱정과 가격이 무너질 거라는 걱정 때문에 다른 제품에 유통기회를 내줄 수도 있습니다. 다른 제품이 유통되기 전에 과감한 선택을 해야 합니다. 유통실패에 대한 걱정보다 유통이 가능한 유통채널을 한 군데라도 찾아 제품제안을 하는 게 나을 수 있습니다.

위기의 순간을
마케팅으로 활용하기

　유통 관련 세미나 또는 상담을 하기 전에 유통리서치를 합니다. 리서치를 분석해보면 제품을 만들기 전의 시장조사는 단독 결정이 생각보다 많습니다. 그리고 가까운 지인에게 물어보고 만든 제품도 있습니다. 우리나라 사람은 가까운 지인에게 쓴소리를 잘 못합니다. 관계가 깨질 수 있기 때문입니다. 물론 잘되는 제품도 있습니다. 항상 안되는 건 아닙니다. 그러나 제품이 유통 시장에서 선택받지 못할 때가 문제입니다. 유통기간이 짧은 제품이면 매일 온몸이 긴장된 상태로 지내게 됩니다.

　유통을 시작한 지 얼마 안 된 제품일수록 덤핑유통에 문을 두드리게 됩니다. 그런데 덤핑유통도 제품을 구매하는 기준이 있습니다. 덤핑유통에서 최종 손실을 떠안기 때문에 처분이 가능한 제품을 구매하지, 모든 제품을 구매하지는 않습니다. 덤핑유통에도 제품을 넘길 수 없다면 더는 처분할 곳이 없습니다. 유통에 위기가 찾아오면 해결하기 위해 부단히 노력합니다. 그러나 해결하려고 할수록 더 꼬이는 것 같습니다. 시간이 지나면 회복하기가 점점 어려워집니다. 이럴 때는 제품에 대한 미련을 버리고 결단을 내려야 합니다. 후회할 시간이 없습니다. 완전히 망해 회복이 어려운 것보다 다시 시작하는 게 낫습니다. 앞으로 똑같은 실수를 안 해야 합니다.

다른 방법으로는 회사를 알리는 마케팅 도구로 활용하는 것입니다. 남은 유통기한이 3개월 이내 제품은 역효과가 날 수 있습니다. 유통기한이 가까워지면 마케팅 도구로 활용할 수 없습니다. 제품카테고리마다 활용도가 다를 수 있지만, 좋은 방법은 회사 이름으로 어려운 곳에 기부해서 선한 일을 하는 기업 이미지를 남기는 것입니다. 제품명을 검색했을 때 뉴스기사 등에서 선한 일을 하는 뉴스기사를 접한 소비자 중에 경쟁사 제품가격이 비슷하고, 차이가 없다면 기업 이미지가 좋은 제품을 구매하기도 합니다. 선한 일에 관심이 있는 소비자는 선한 기업 이미지 제품을 구매하기도 합니다. 신뢰 있는 제품과 회사를 만들기 위해서는 가격을 무너뜨리지 않고 선한 기업 이미지를 만들어 유통하면 소비자 마음속에 선한 브랜드로 남을 것입니다.

성공하는 맷집을
키우는 방법

　경기가 안 좋다는 한숨 소리가 여기저기서 들립니다. 그렇다고 뾰족한 수도 없습니다. 과거에도 살아남았고, 현재도 살아 있고, 미래에도 살아남기 위해서는 한탄할 시간조차 없습니다. 한숨과 한탄으로 잠시 마음의 짐이 수그러질지 모르나, 내일이 되면 다시 원점으로 돌아옵니다. 어제보다 오늘 더 무거운 짐을 짊어지고 있는 느낌입니다.

　처음 유통을 하면 매출이 많을 것이라고 생각합니다. 제품소싱도 쉽게 될 것 같습니다. 그런데 현실은 반대의 경우가 대부분입니다. 유통에 대해 얕은 지식과 경험을 가지고 잘될 거라는 착각 속에 유통을 시작합니다. 그러나 유통은 원하는 매출을 언제 달성할 수 있는지, 언제까지 버틸 수 있는지, 예측과 계획을 세워야 합니다. 대부분 매출달성이 계획처럼 되지 않습니다. 매출달성을 한다고 해도 유지하기 어렵습니다.

유통사업이 계획처럼 되지 않을 때 어떻게 해야 할까요? 먼저 현재 남아 있는 자금이 어느 정도인지 확인해야 합니다. 그리고 언제까지 버틸 수 있는지 냉철하게 판단해야 합니다. 계속 유통을 하는 게 나은지, 지금 유통을 접고 다음에 일어설 기회를 만들지, 결정해야 합니다. 문제점을 찾지 못하고 버티기만 한다면 살아남는다는 보장이 적습니다. 문제점을 찾아 해결할 수 있고 결과예측이 가능하면 **빠르게 밀어붙여야 합니다.**

유통은 현장에서 유통설계대로 가고 있는지 계속 점검하고 확인해야 합니다. 현재 유통트렌드와 반대로만 가지 않는다면 살아남을 수 있는 확률이 높습니다. 살아남는다면 기회를 다시 붙잡을 수 있습니다. 기회가 가까이 오면 주위 사람과 유통 및 제조 네트워크가 달라집니다. 많은 공급(제조)사에서 제품제안이 오고, 유명한 유통채널과 협력네트워크가 만들어집니다. 그게 안 되는 경우, 공급(제조)사 제품가격이 무너지고 과대광고 문제, 법적 문제가 생겨 골머리를 앓습니다.

앞으로 단독으로 유통세계에서 살아남기는 어렵습니다. 주위를 둘러보면 훌륭한 유통교육, 세미나, 전시회가 많습니다. 유통현장에서 살아남기 위해 답을 찾으러 다녀야 합니다. 시간을 낭비하면 안 됩니다. 사람도 만나고, 제품도 찾고, 유통채널 협력네트워크도 계속해서 구축해야 합니다. 성공하는 유통맷집은 유통이 잘되는 방향으로 갈 때까지 버티는 것입니다.

지역특산품, 살릴 것인가?
말 것인가?

　지역특산품 품평회에 유통 전문가로 참석한 적이 있습니다. 지역특산품은 유통채널에서 생각하는 공급가격보다 높은 제품들이 대부분입니다. 그리고 대량생산이 어려운 제품도 많습니다. 품평회에서 제품을 접하면 정성이 들어간 제품이라는 것을 알 수 있지만, 품평회가 끝나고 일상으로 복귀하면 기억나는 제품은 몇 개 안 됩니다. 비슷비슷한 제품들도 많습니다. 그리고 대부분 제품이 콘텐츠와 스토리가 부족합니다. 그래서 마케팅 포인트를 잡기 쉽지 않습니다. 스토리, 콘텐츠, 마케팅의 중요성을 말씀드리지만, 평균 연령대가 높아서 자녀 또는 누군가가 도와주지 않으면 할 수 없습니다. 또한, 유통이 어려운 공급가격이라고 알려드려도 도와주기만을 바랍니다.

지방자치단체에서는 교육, 품평회, 전시회 등 지역특산품 유통을 위해 적극적으로 지원합니다. 지방자치단체마다 비슷하게 마트 또는 할인점, 사람이 많이 다니는 곳에서 지역특산품의 전시 및 판매를 할 수 있도록 오프라인 위주 지원을 하고 있습니다. 지역특산품 온라인 몰을 운영하는 곳도 있지만, 활성화가 안 된 곳이 많습니다. 새로운 돌파구는 내놓지 못하는 것 같습니다.

지역특산품 유통기준은 일반제품과 다르게 세워야 합니다. 공급가격이 일반제품보다 평균 이상 높아서 유통할 수 있는 채널이 한정되어 있습니다. 그래서 유통이 가능한 유통채널 한 군데라도 제품을 공급하려면 공급가격, 판매가격 기준을 잘 세워야 합니다. 판매가격이 무너지면 유통과 판매할 수 있는 유통채널은 줄어듭니다.

판매가격이 높다고 해서 소비자가 없는 것은 아닙니다. 정성껏 만든 제품이라면 가격을 떠나 제품을 구매하는 소비자가 있어서 제품을 찾아올 수 있는 마케팅과 유통전략을 세우면 됩니다.

공급가격이 높은 제품은 B2C몰(오픈마켓, 네이버 스마트스토어 등)을 통해 지역특산품 제품을 모아 브랜드몰을 만들고 전문인력(직원 또는 유통회사 선정)을 통해 유통과 판매를 하면 됩니다.

지방자치단체에서는 지역특산품의 유통과 판매 촉진을 위해 제품 콘텐츠를 만들 수 있는 전문인력 지원을 통해 제품스토리, 개발자의 제품철학, 제품효능, 상세페이지 제작 등에 힘써야 합니다.

유통교육은 오픈마켓 판매 노하우, SNS 마케팅 활용방법 등 사용 스킬 교육이 많습니다. 먼저 제품의 시장조사 방법, 유통기준 세우기, 유통설계, 유통진행, 유통결과에 따른 보완 등 유통의 전체 진행 과정을 알 수 있는 유통교육이 필요합니다. 그런 다음에 사용 스킬 교육이 이어져야 더욱 도움이 됩니다.

놓치면 안 되는
내부 비밀

처음부터 유통을 제대로 알고 시작하는 사람은 많지 않습니다. 다들 유통을 너무 쉽게 생각합니다. 공급(제조)사가 바라보는 유통과 유통(판매)사가 바라보는 유통은 차이가 있습니다. 제조는 자체 공장에서 제품을 출시합니다. 제품을 만들어주는 ODM, OEM 공장도 있습니다. 같은 제조지만 바라보는 유통은 차이가 있습니다.

유통세계는 예측하지 못한 일이 많이 발생하고, 알고 있는 유통과 다르게 흘러가기도 합니다. 유통을 시작하면 할일이 많다는 것을 알게 되고, 내가 아는 유통은 빙산의 일각이었다는 것도 깨닫게 됩니다. 유통은 절대 쉽지 않습니다.

유통채널 중에 매출은 많은데 영업이익이 10% 미만인 회사가 있습니다. 주문이 늘수록 일이 많아집니다. 예상치 못한 비용도 발생합니다. 매출이 늘수록 이익이 많아야 하는데 너무 적습니다. 어느 날 유통채널 담당자와 연락이 안됩니다. 제품공급의 정산이 안된 공급사는 피해자 모임을 만들어 법적 절차에 들어갑니다. 공급사는 피해를 준 유통채널 때문에 유통시간이 멈춰버리고, 언제 다시 움직일지 알 수 없습니다. 이것은 나와 상관없는 이야기일까요? 지금은 비껴갔지만 언젠가는 똑같은 피해를 고스란히 겪을 수 있습니다.

매년 사업계획을 세웁니다. 대부분 예측계획입니다. 계획처럼 사업이 안 풀릴 수 있습니다. 그런데 사업계획을 세우지 않고 새해를 맞이하는 회사도 많습니다. 신생회사가 아니라면 사업계획서에서 놓치는 부분이 있습니다. 과거 실수한 내용입니다. 실수했지만 같은 실수를 안 하도록 기록으로 남기고 숙지해야 합니다. 실수를 숨기면 같은 실수를 반복하게 됩니다. 실수를 만회하기 위한 돈, 시간 비용을 줄여야 경쟁력이 생깁니다. 그리고 한 번의 실수로 사람과 비즈니스 결과를 판단하면 안 됩니다. 반복된 실수를 줄이는 것만으로도 좋은 결과를 낼 수 있습니다.

사업을 시작하면 세무대행을 맡깁니다. 대부분 세금을 줄이려고 합니다. 비즈니스를 하다보면 정부 자금을 받아야 하는 상황이 생기는데, 정부 자금을 받기 어렵다고 합니다. 세금만 줄이려고 했지 회사경영 상태를 감사할 수 있는 회계 쪽은 자료가 부족하거나 정리되지 않았기 때문입니다. 회사 이름으로 대출을 받기 위해 은행을 찾아가도 회계 자료가 없는 회사에 은행에서 돈을 빌려줄까요?

세금을 줄이는 것도 중요하지만 그만큼 회사 경영 상태를 확인할 수 있는 회계장부도 잘 정리해야 합니다. 정부 자금 및 은행대출을 받을 계획이 있다면 회계사에게 맡겨야 합니다. 한 단계 도약하기 위해 정부 및 외부 자금이 꼭 필요할 때가 있습니다. 더 중요한 건 대표의 신용입니다. 신용관리가 잘되어 있는 사람을 믿고 최종 자금을 빌려주기 때문입니다.

· ODM(Original development manufacturing) : 주문업체가 개발력을 갖춘 제조업체에 제품의 생산을 위탁하면 제조업체는 제품을 개발 및 생산해 주문업체에게 납품하고, 주문업체는 제품을 유통과 판매하는 방식입니다. 주문업체로부터 제조업체가 제품의 생산 위탁을 받아 제품을 자체적으로 개발 및 생산하는 것을 말합니다.

· OEM(Original equipment manufacturing) : 제조업체의 자기 상표가 아닌, 주문업체가 요구하는 상표명으로 부품 및 완제품을 생산하는 방식입니다. 주문업체로부터 제조업체가 제품 설계도를 받아 제품을 위탁 생산하는 것을 말합니다.

4장

유통의 성공,
가격준수 완성

목숨과
바꾼다면

중국의 인플루언서 '왕홍'에 관한 뉴스기사를 본 적이 있습니다. 중국 내에서 한국 제품의 방송 준비를 끝내고, 시작과 동시에 수만 개 또는 수십만 개의 주문이 완료되었다는 내용입니다. 중국 왕홍 모두가 판매를 잘하는 건 아닙니다. 궁금증이 생겼습니다. 왕홍의 외모가 뛰어나서도 아니고, 한국 제품이 좋아서 '묻지 마' 구매도 아닙니다. 중국 왕홍은 "목숨을 걸고, 제품을 선별해서 판다"는 것이 인기의 비결이었습니다. 목숨을 거는 것보다 신뢰가 가는 제품은 없을 것 같습니다. 처음부터 소비자가 지갑을 열지는 않았을 것입니다. 중간에 포기하고 싶었을지도 모릅니다. 목숨을 걸 정도로 좋은 제품을 선별한다는 원칙이 소비자에게 점차 알려지면서 지금의 중국 왕홍이 되었다고 합니다. 하루아침에 신뢰가 쌓이지 않습니다. 처음부터 끝까지 원칙을 고수했기 때문에 중국 왕홍의 대박 신화가 만들어진 것입니다.

우리나라도 비슷한 사례가 있습니다. 1대 뽀미 언니 왕 씨의 사례입니다. 본인이 직접 제품을 사용해보고 제품을 선별해 홈쇼핑 방송을 합니다. 소비자는 뽀미 언니 왕 씨에 대한 신뢰를 갖고 상품을 구매합니다. 또한 프리미엄 상품이라는 콘셉트에 신뢰가 더해져 매출로 이어지고 있습니다.

제조사는 제품을 어떻게 만들어야 할까요? 물론 돈을 벌기 위한 것이 목적이지만, 소비자는 제품을 왜 만들었는지 만든 사람의 제품철학을 알고, 거기에 감동하면 지갑을 열게 됩니다. 제조사가 소비자에게 줄 수 있는 최고의 신뢰는 제품을 만든 사람의 제품철학입니다. 신뢰를 쌓기 위해서는 시간이 걸릴 수 있습니다. 원칙을 고수하면 신뢰가 쌓여 구매하는 소비자가 어느 날부터 늘어납니다. 돈만 벌려는 제조와 유통은 오래가지 못합니다. 잠깐 스쳐가는 바람처럼 유통과 제조를 할지, 신뢰를 쌓기 위해 원칙을 고수하는 유통과 제조를 할지 스스로 결정해야 합니다.

돈 버는
유통채널

유행의 변화가 빠르다는 이야기를 주위에서 자주 듣습니다. 제품뿐만 아니라 유통채널도 빠르게 변하고 있습니다. 출시한 제품이 유통트렌드와 맞는지 걱정이 될 것입니다.

유통채널마다 제품의 매출 상한선이 있습니다. 매출을 늘리기 위해서는 다양한 유통채널에 제품이 유통되어야 합니다. 그리고 유통채널마다 소비자 구매의 특징이 있습니다. 제품구성, 판매가격, 성별, 연령에 따라 매출 차이가 날 수 있습니다.

SNS 유통채널은 뜨거운 유통 시장입니다. 동시에 모바일앱(쇼핑앱) 유통채널도 성장하고 있습니다. 다음의 카카오스토리는 20~30대 여성 구매층이 많고, 네이버 밴드는 40~50대 남성 구매층이 많습니다. SNS는 하나의 유통채널로 자리를 잡았습니다. 특히 카카오스토리 유통채널에 제품이 많이 몰리고 있습니다. 1년 동안 백억 원 또는 천억 원 이상 매출이 발생하는 회사도 생겼습니다. SNS 유통채널은 진행해야 하는 필수 유통채널이 되었습니다.

복지몰이나 폐쇄몰 중에 체험단 지원을 통해 제품 브랜드 홍보와 매출에 도움을 주는 유통채널이 있습니다. 오픈마켓, 스마트스토어, 종합몰, 독립몰 등을 운영하면서 검색 포털의 키워드 검색 시 제품 브랜드 상위 검색 노출을 통해 판매하는 마케팅 유통채널도 있습니다. 유통채널에서 모든 제품을 취급하지 않기 때문에 유통이 가능한 채널을 빨리 찾아 제품을 공급할 유통네트워크를 구축해야 합니다.

매출이 많은 주변의 유통채널을 얼마나 알고 있으신가요? 최신 유통트렌드 소식을 매일 접하고, 모으고, 세미나에 참석하고, 제품을 제안해야 합니다. 최신 트렌드 유통을 알기 위해 시간과 돈을 아끼지 말아야 합니다.

국내의 대표적인 유통채널

국내 대표 도매사이트 〈(주)온채널〉 : www.onch3.co.kr

SNS 유통채널의 강자 〈퀸즈안젤라〉 : www.queens09.co.kr

인포머셜의 최강자 〈(주)인포벨〉 : www.infobell.kr

복지몰·폐쇄몰 플랫폼 〈(주)스마트웰〉 : www.smartwel.co.kr

기업특판의 살아있는 전설 〈영스카이(주)〉 : www.youngsky.co.kr

유통채널
입점 노하우

유통채널마다 제품을 선정하는 기준은 다음과 같습니다. 첫 번째는 가격입니다. 제품의 가격이 유통채널 소비자의 지갑을 열 수 있는 판매가격인지, 유통채널에 적정한 공급가격인지 확인합니다. 유통채널에서 원하는 판매가격이 아니라면 아쉽지만 다른 유통채널을 찾아야 합니다. 기업특판 유통채널은 사은품 위주로, 제품가격이 높아도 선정이 됩니다. 그리고 제품구성과 눈에 보이는 케이스나 포장도 무시할 수 없습니다. SNS 공동구매 유통채널은 제품가격이 낮으면서 제품의 질이 좋아야 합니다.

두 번째는 성별입니다. 제품이 남성 대상 제품인지, 여성 대상 제품인지 확인합니다. SNS 유통채널인 카카오스토리는 여성 위주 제품이 판매됩니다. 밴드는 초기에는 남성 중심이었지만, 이제는 여성과 남성 제품 모두 판매가 가능합니다.

세 번째는 연령입니다. 연령별 제품구성이 다릅니다. 연령대가 높으면 건강 관련 제품의 제안도 가능합니다. 건강 관련 제품은 1년 중 명절 시즌에 매출이 높게 발생합니다. 연령대가 낮을수록 생활, 뷰티, 먹거리 등에 대한 제품에 관심이 높습니다.

네 번째는 재고입니다. 공장을 운영하는 회사도 있습니다. OEM과 ODM 제조사, 수입총판도 있습니다. 판매가 많이 될 때를 대비해 재고가 뒷받침되는지 확인합니다.

다섯 번째는 유통기간입니다. 유통기간이 1년 이내 제품보다는 1년 이상 제품이 유리합니다. 그런데 제품카테고리마다 유통기간이 다릅니다. 해당 제품카테고리 MD가 있는 유통채널에 제품제안을 하면 유리합니다. 여러 제품카테고리를 취급하는 MD는 제품 중에 유통기간이 짧은 제품도 판매할 수 있는데, 유통구조를 모르다보니 유통기간이 짧으면 취급을 안 해버립니다.

과대광고, 개별인증 등 법적인 문제가 없는 제품만 취급하는 유통채널도 있습니다. 취급하는 제품카테고리가 정해져 있는 유통채널에 제품제안을 하는 것은 시간 낭비일 수 있습니다.

유통을 하기 전에 정산 걱정부터 하는 제조사가 있고, 유통을 하면서 사고를 내는 유통채널도 만날 수 있습니다. 유통기한이 가까워질수록 제안할 수 있는 유통채널은 점점 줄어듭니다. 정산 걱정보다 제품제안을 통해 유통경험을 쌓는 게 도움이 될 수 있습니다.

제품 입점 노하우는 유통채널에서 찾아오게 만드는 것입니다. 가격을 무너뜨리지 않고 B2C몰 판매, 바이럴과 뉴스기사 마케팅을 통해 유통의 그물을 치고 기다리면 됩니다. 유통(판매)사는 언제나 새로운 제품에 목말라 있습니다. 유통의 그물을 치고 기다리면 어느 날 제품소싱을 위해 연락이 올 것입니다. 단, 가격이 무너지지 않아야 합니다. 유통(판매)사가 찾아온다면 공급(제조)사가 유리한 입장에서 공급할 수 있습니다.

성공은
운이라고?

 유명 바둑기사가 은퇴하면서 어느 방송에서 했던 이야기입니다. "내가 지는 게임이었는데, 상대방이 더 실수해서 이긴 게임이 많았다." 유통 또한 나 스스로 무너지지 않는다면 기회가 찾아올 수 있습니다. 성공한 사람들은 성공을 운이라고 합니다.

 사람들은 현재 성공한 사람들의 방법을 많이 따라 합니다. 잘될 수도 있지만, 위험할 수도 있습니다. 성공 전의 환경이 다르기 때문에 똑같이 따라 한다고 해서 성공한다는 보장은 적습니다. 그래도 성공한 사람의 방법과 노하우는 참고하면 도움이 됩니다.

 유통에서 경험, 노하우, 정보가 축적되고, 버티다보면 기회가 가까이 왔음을 느낄 때가 있습니다. 주위 반응과 평판이 좋고, 내가 하는 말에 모두 관심을 가지고 경청합니다. 반대의 경우도 있습니다. 주위 반응이 차갑고, 무시도 받습니다. 별일 아닌 말에도 자존심이 상합니다. 유통고수와 유통사기꾼은 백지 한 장 차이입니다. 실수할 수도 있지만, 포기하지 않으면 준비된 사람에게만 행운이 찾아옵니다. 성공하면 고수! 실패하면 사기꾼!

제조사와
유통사의 오해

　공급(제조)사와 유통(판매)사의 오해는 과거부터 지금까지 이어져오고 있습니다. 신뢰를 쌓지 않는 유통을 하고 있기 때문입니다. 공급(제조)사는 괜찮은 유통채널을 만나기 어렵다고 합니다. 유통(판매)사는 좋은 제품이 나에게 오지 않는다고 합니다. 유통채널에서 제조사를 신뢰하지 않는 이유가 있습니다. 재고관리가 안되기 때문입니다. 주문이 왔는데, 주문 당일 품절이 됩니다. 언제 입고되는지도 명확하지 않습니다. 잘못은 제조사가 했는데 소비자는 제조사에게 항의하지 않습니다. 물건을 판매한 유통채널에 항의합니다. 또 다른 이유는 제조사가 가격을 무너뜨리기 때문입니다. 어떤 제조사는 최저가격으로 판매하고 있습니다. 확인해보니 가격이 무너지지 않게 관리하기 위해 제조사가 최저가격으로 판매한다고 합니다. 본사의 최저가격 이하로는 판매하면 안 된다고 합니다. 검색 포털의 쇼핑검색을 해보니 본사 B2C몰이 가장 상단에 있습니다. 유통(판매)사는 들러리로 전락하게 됩니다.

제품가격은 처음에는 유통(판매)사가 무너뜨립니다. 그러나 시간이 지나면 공급(제조)사가 무너뜨리는 경우가 많습니다. 서로의 신뢰를 쌓기 위해서 제조사는 유통(판매)사에 C/S 응대를 잘해줘야 하고, 재고에도 문제가 없어야 합니다. 유통사는 가격을 초기에 무너뜨리면 안 되고, 정해진 날짜에 정확하게 정산을 해야 합니다.

제조사 입장만 내세우는 유통을 하면 매출을 일으키기 위해서 가격을 무너뜨리는 유통채널을 만날 수 있습니다. 제조사는 제품을 공급한 지 얼마나 되었다고 벌써 유통채널을 평가합니다. 유통(판매)사 지원은 뒷전입니다. 제품을 만들면 끝입니다. 만약 제조사가 욕심을 버리면 양보하는 유통채널이 다가옵니다. 욕심이 많으면 제품을 무너뜨리는 무책임한 유통채널이 다가옵니다.

브랜드를 알리는 마케팅을 본사에서 진행하면 유통(판매)사도 동참합니다. 유통(판매)사는 먼저 마케팅하지 않습니다. 제품공급이 중지될 수 있기 때문입니다. 공급(제조)사는 제품을 지켜주는 유통(판매)사를 만나기 위해서 유통(판매)사 입장에서 최선을 다해 지원해주어야 합니다.

돌고 도는
유통인맥

한 공급(제조)사에서 유명한 유통채널에 제품제안을 합니다. MD가 바쁜 스케줄 때문에 공급(제조)사에 서운하게 대합니다. 기대하고 왔다면 실망감은 더 큽니다. 대형채널 MD들은 제품제안을 많이 받습니다. 제품검토, 공급사 미팅, 제품유통의 진행 등 일이 너무 많습니다. 한편으로는 이해가 됩니다. 그런데 자존심이 상한 사람은 평생 잊지 않습니다. 진심으로 조언해준다면 제품이 선정되지 않아도 서운할 수는 있지만 고마워합니다.

언젠가는 대형채널 MD들도 회사를 이직하고, 유통사업을 하게 됩니다. 공급(제조)사 입장이 되는 날이 올 것입니다. 지금의 위치는 영원하지 않습니다. 바빠서, 찾는 제품이 아니어서 회사와 사람에게 서운하게 대하면 안 됩니다. 어느 날 위치가 바뀌는 날이 오고, 비슷한 경험을 하게 되면 '내가 그때 왜 그랬을까?'라고 후회합니다. 결국, 사람을 놓치게 됩니다.

서운한 느낌을 받은 공급(제조)사는 미팅 후 '그 자리, 영원하지 않아!', '나도 만나기 어려운 사람이라고!', '언젠가는 당신도 똑같은 대접을 받을 날이 올 거야!'라고 생각할 수 있습니다. 찾아오는 회사 중에 몇 십억 원에서 몇 천억 원 하는 회사도 있습니다. 유명한 유통채널의 직원이기 때문에 평상시에 만나기 어려운 회사, 사람을 만나는 것입니다. 유명한 회사를 그만두면 만나주지도 않습니다. 유통채널 MD는 미래의 유통 비즈니스 파트너를 만들 수 있는 절호의 기회입니다. 유통세계에서 사람을 낚는 어부가 되어야 합니다.

자극을 주는 사람과
지적하는 사람의 결과

비즈니스가 어느 정도 성장하고 자리 잡게 되면 비즈니스 네트워크를 만들기 위해 교육과 세미나를 통해 고급인맥과 고급정보를 얻고자 합니다. 교육 및 세미나를 통해 고급인맥을 알게 되면 자신이 한 단계 업그레이드된 것 같습니다. 회사로 돌아갑니다. 직원들의 부족한 모습이 보입니다. 회의시간에 교육과 세미나에서 배운 내용을 쏟아낸 후 직원들에게 자유롭게 이야기해보라고 합니다. 아무도 이야기를 하지 않습니다. 가장 힘든 건 이 일이 매주 반복된다는 것입니다.

또 다른 회사가 있습니다. 자유롭게 일하는 분위기로 회의시간에

도 자유롭게 토론합니다. 사장은 직원들에게 다양한 아이디어를 제시하고, 궁금증을 유발합니다. 그리고 직원의 아이디어가 채택되면 적극적으로 지원해줍니다. 직원이 실패할 수도 있지만, 또 도전해보라고 합니다. 과연 어떤 회사가 신명나게 일할 맛이 날까요?

머리에 든 게 많은 경영자가 있습니다. 깨닫지 못하고 머리에 든 지식만 이야기하면 직원들의 입은 점점 무거워집니다. 사장은 직원이 무능하다고 생각하고, 내부 소리에 귀를 닫고 외부 소리만 듣습니다. 외부에서 인재를 영입하고, 직원들의 사기는 더 떨어집니다.

어떤 바보 경영자가 있습니다. 직원들의 의견이 반영되는 회사 분위기를 만듭니다. 회사가 잘되면 직원의 공으로 돌리고 보상도 합니다. 미래의 경영자를 키우는 회사는 사람 때문에 무너지지는 않습니다. 어려움이 와도 함께 헤쳐 나가게 됩니다. 나는 현재 자극을 주는 사람입니까? 지적하는 사람입니까?

대접받고 싶은 만큼
대접하라

　　많은 공급(제조)사, 유통(판매)사가 있습니다. 그들의 공통된 걱정은 사람입니다. 대표와 직원 또는 직원과 직원 간의 문제가 생깁니다. 회사와 회사 거래 시 사람 때문에 문제가 커지기도 합니다. 사람 때문에 어려움을 겪고 나면 사람이 중요하다고 말합니다. 대부분 다른 사람의 잘못은 잘 봅니다. 그러나 자신의 잘못을 못 봅니다. 아예 안 보려고 합니다. 한 사람의 잘못으로 문제가 커지지는 않습니다. 감정이 쌓여 참기 어려운 지경에 이르면 곪아서 문제가 터집니다. 더는 이성으로 감정을 컨트롤할 수 없습니다. 피부를 다치면 치료를 통해 상처가 아물고 새살이 돋아 건강한 피부가 됩니다. 사람 관계는 상처와 다르게 문제가 터지면 더욱 심각해집니다. 자신의 잘못보다 상대방 잘못이 크다고 생각하기 때문입니다. 문제의 시작점을 찾아 감정의 골이 깊어지기 전에 사람 관계를 해결하면 극단적인 결정은 안 하게 됩니다. 눈에 보이는 문제만 해결하면 돌이킬 수 없는 지경까지 가버립니다. 직원은 회사를 그만두게 됩니다. 거래처라면 법적인 문제로 이어집니다. "나는 옳고 너는 틀리다"는 조직 및 사람 관계에서는 강한 쪽보다 약한 쪽에서 실수하게 됩니다. 약한 쪽은 바보가 됩니다. 강한 쪽은 공격 강도가 세집니다. 이런 조직문화에서는 인재가 나오기 어렵습니다. 그리고 주위에 무능력한 아첨꾼이 넘쳐날 수 있습니다. 이 세상에 나쁜 사람은 없습니다. 환경 때문에 반항적인 기질이 나올 뿐입니다. 스트레스를 받는 환경에 계속 노출되면 불평과 반항 기질이 나타나게 되어 개인이나 회사 성장에 방해가 됩니다.

직원 스스로 일할 수 있는 환경을 만들어주어야 합니다. 실수해도 자존심이 상할 정도로 다그치면 안 됩니다. 실수 노트를 만들어 반복해서 숙지하면 실수를 많이 줄일 수 있습니다. 실수 때마다 다그치면 주눅이 들기 때문에 계속 실수를 하게 되고, 다그치는 강도가 세집니다. 지금은 참지만 직원의 머릿속은 '나중에 두고 보자'는 생각으로 가득찰 수 있습니다. 복수심이 머릿속에 가득차면 일이 손에 잡히지 않습니다. 악순환이 반복됩니다. 직원에게 긍정적인 자극과 칭찬을 하면 처음에는 실수하지만, 점점 실수가 줄어듭니다. 성취감까지 느낀다면 무슨 일이든지 열심히 하게 됩니다.

　회사와 회사가 거래할 때 1:1 제휴를 합니다. 좋은 결과를 만들기 위해서 희생을 감수하는 사람 또는 회사가 나와야 하는데 1:1 제휴는 서로 동등한 관계이다보니 아무도 희생하려고 하지 않습니다. 조금이라도 어긋나면 관계는 틀어질 수 있습니다. 1:1 제휴 관계는 오래가지 못합니다. 그런데 당장 회사가 손해를 보는 것 같지만 서로 잘 될 수 있도록 장점은 살리고 단점은 보완해서 원하는 결과를 만들게 되면 기회는 다시 옵니다. 조금 손해를 보았지만, 손해만큼 다른 기회들로 채워지는 경험을 하게 될 것입니다.

　내가 어떤 사람이 되는지에 따라 상대방도 좋은 사람이 될 수 있고, 아닌 사람이 될 수도 있습니다. 직원과의 관계 또는 회사와의 비즈니스 관계는 '내가 대접받고 싶은 만큼 대접하라'가 답입니다.

고집스러운
가격준수 유통

　　제품가격이 무너지면 제조사, 유통채널, 소비자 모두 피해를 봅니다. 제품가격을 무너뜨린 곳은 잠깐 이익을 볼 수 있습니다. 그러나 결국 제품가격이 무너져 제품 브랜드가 망가집니다. 공급(제조)사는 판매가격이 무너져도 제품판매가 잘되면 별일 아니라고 생각합니다. 시간이 지나면 가격이 무너진 제품은 소비자의 관심에서 빨리 멀어집니다. 그리고 유통채널 담당자들은 제품에 관심을 두지 않습니다. 한두 번은 매출이 잘 나올 수 있지만, 추가로 생산한 제품이 악성재고가 될 수 있습니다. 공급(제조)사에서 유통 시장을 모르면 소비자가 많은 B2C 유통채널에 먼저 공급을 합니다. B2C 유통도 유통채널의 일부분일 뿐입니다. B2C 소비자 모두가 제품을 구매할 거라고 생각하면 안 됩니다. 과거와 달리 제품구매가 가능한 소비자를 찾아 공급하고 마케팅 해야 합니다. B2C 유통채널도 제품의 주기가 있고, 끝이 있습니다. 매출이 점점 하락하기 시작합니다. B2C 유통채널은 시간이 지나면 브랜드를 알리고 관리하는 채널로 유지해야 합니다. 그리고 소비자를 찾아 다양한 유통채널에 제품제안 및 제품공급을 해야 합니다. 국내에 유통채널은 많습니다. 복지몰·폐쇄몰, 기업특판·사은품, 특수채널(고속도로휴게소, 호텔), 회원몰, 모바일앱 쇼핑몰, 공동구매 채널(SNS, 카페), 정부입찰, 해외수출 등 많은 유통채널이 존재합니다.

유통기준을 세우고 유통을 진행했지만, 가격이 무너질 때가 있습니다. 그럴 때는 가격이 무너지기 이전 상태로 빨리 되돌려야 합니다. 그런데 업그레이드된 신제품이 대기 중에 있다면 기존제품의 재고를 줄이기 위해 기간을 정하고 가격할인 이벤트로 판매를 해도 됩니다.

소비자가 지갑을 열 때 비브랜드 제품에는 호의적이지 않습니다. 그러나 비브랜드 제품도 어떤 유통채널에서 판매되는지에 따라 매출이 어마하게 발생할 수 있습니다. SNS 카카오스토리 공동구매 채널이 바로 그것입니다. 카카오스토리 공동구매는 2015년부터 시작되어 하나의 유통채널로 자리 잡았습니다. 예전과 달리 가격이 무너진 제품은 카카오스토리 유통채널에서도 관심을 두지 않습니다. 유통은 멀리 봐야 합니다. 유통트렌드가 빠르게 지나가고 많은 제품이 쏟아져 나오지만 좋은 제품은 소비자가 지켜줍니다. 그리고 소비자가 지켜주는 제품이 되기까지는 공급(제조)사가 유통채널을 지켜주어야 합니다. 판매가격이 무너지면 유통채널의 관심 밖 제품일 뿐입니다. 소중하게 출시한 제품을 한 번의 매출을 위해 가격을 무너뜨리는 유통채널에 공급하면 안 됩니다. 브랜드가 소비자에게 알려지고, 유통채널이 제품을 공급해달라고 원할 때까지 고집스럽게 가격준수 유통을 하면 소비자가 브랜드를 지켜주는 날이 옵니다. 그리고 오랫동안 브랜드가 기억될 것입니다. 답답할 만큼 고집스럽게 제품을 지키는 유통채널과 함께해야 합니다.

유통 체크리스트
작성하기

지금부터는 유통채널에 제품을 제안하거나 담당자와 미팅 시 참고할 수 있도록 보여준다면 유통(판매)에 도움이 될 '유통 체크리스트'를 작성해보겠습니다.

---

1. 회사 설립일은?

---

2. 회사가 주력하는 비즈니스는?
① 제조 ② 유통 ③ 제조·유통 ④ 기타

2-1. 2번 질문에서 '① 제조'를 선택했다면?
① 직접 제조 ② OEM제조 ③ ODM제조 ④ 수입

2-1-1. 2-1번 질문에서 '④ 수입'선택을 선택했다면, 검사나 통관검사를 마쳤다?
① YES ② NO

2-2. 2번 질문에서 '① 제조'를 선택했다면?
- 제품명 :
- 제품 설명 :
- 제품카테고리 :
- 제품의 재고수량 :

2-3. 2번 질문에서 '① 제조'를 선택했다면, 제품의 공급방법은?
① 완제품 ② 원료 납품 ③ OEM생산 ④ ODM생산

3. 제품 출시 전 시장조사는?
① 단독 결정 ② 지인 위주 ③ 외부에 시장조사 의뢰
④ 지인+외부에 시장조사 의뢰 ⑤ 단독 결정+지인 위주

4. 제품 인증(건강기능식품/화장품/KC인증 등)이 필요한 제품인가?
① YES ② NO

4-1. 4번 질문에서 '① YES'를 선택했다면, 인증을 받았다?
① YES ② NO

5. 홈페이지가 있는가?
① YES ② NO

5-1. 5번 질문에서 '① YES'를 선택했다면?
① 쇼핑몰 ② 회사소개·게시판 구성

6. 제품의 상세 페이지가 있는가?
① YES ② NO

6-1. 6번 질문에서 '① YES'를 선택했다면, 과대광고 심의를 받았는가?
① YES ② NO ③ 해당사항 없다

7. 경쟁사 제품이 있는가?
① YES ② NO

7-1. 7번 질문에서 '① YES'를 선택했다면, 경쟁사 제품보다 제품가격은?
① 높다 ② 낮다

8. 제품가격 기준은?
① 가격준수 ② 가격자율

8-1. 8번 질문에서 '① 가격준수'를 선택했다면?
① 가격준수(가격비교사이트 MD할인 등 허용)
② 절대준수(가격비교사이트 MD할인 등 불가)

9. 제품공급 기준은?
① 위탁배송 가능 ② 제품 사입 시 가능

9-1. 9번 질문에서 '① 위탁배송 가능'을 선택했다면?
① 선입금 후배송 ② 배송 후 정산

9-2. 9-1번 질문에서 '② 배송 후 정산'을 선택했다면?
① 판매・유통채널에 맞춰 정산 ② 7~15일 이내 정산
③ 7일 이내 정산 ④ 모두 가능

10. 마케팅을 진행하고 있는가?
① YES ② NO

10-1. 10번 질문에서 '① YES'를 선택했다면, 마케팅 매체는?
① 온라인 ② 오프라인 ③ 온・오프라인

10-2. 10번 질문에서 '① YES'를 선택했다면, 진행 중인 마케팅은?
① 뉴스기사 ② 블로그・SNS ③ 기타

11. 소비자 응대 매뉴얼이 있는가?
① YES ② NO

12. 제품 체험단 지원이 가능한가?
① YES ② NO

13. 제품을 개선할 의향이 있는가?
① YES ② NO

14. 제품 입점 및 유통(판매) 중인 유통채널을 작성해보시오.

5장

유통의 완성, 사람이 답이다

뒤죽박죽 아는 유통,
모르는 마케팅

　마케팅은 알고 보면 별것 아닙니다. 모르기 때문에 어렵습니다. 마케팅을 할 돈이 있나 없나의 차이입니다. 돈이 있다면 마케팅은 유리합니다. 그렇다고 광고대행사에 대충 맡기면 안 됩니다. 마케팅을 알고 맡기는 것과 모르고 맡기는 것은 결과가 달라집니다. 모르고 맡기면 광고대행사에 돈만 가져다주는 것입니다. 그렇다고 마케팅을 직접 하려고 하면 낯설어서 어렵게 느껴집니다. 그래서 마케팅이 무엇인지 알아야 합니다.

　제품을 팔기 위해서 마케팅을 합니다. 또는 제품 브랜드를 알리기 위해서 마케팅을 합니다. 모두 정답입니다. 제품마다 마케팅 방법이 다릅니다. 마케팅을 해야 소비자가 구매하는 제품이 있습니다. 마케팅을 해도 소비자가 구매하지 않는 제품도 있습니다. 어떻게 마케팅을 해야 할까요?

소비자 관점에서 제품을 바라보면 쉽게 답이 나옵니다. 판매가격이 낮은 제품은 마케팅 비용을 많이 쓸 수 없습니다. 마케팅 비용을 제하면 이익이 낮기 때문입니다. 이런 제품은 공동구매(SNS, 카페 등) 유통채널에 먼저 제안해야 합니다. 가격이 싸고, 제품이 마음에 들면 바로 구매하는 소비자층이 많습니다. 매출이 발생하면 브랜드를 알리는 마케팅을 하면서 다양한 유통채널에 빠르게 입점하는 유통전략을 세워야 합니다. 판매가격이 높은 제품이 있습니다. 찾고 있던 필요한 제품입니다. 소비자가 바로 구매할까요? 그렇지 않습니다. 소비자는 브랜드 제품인지, 경쟁사 제품이 있는지, 최저가격이 얼마인지 검색 후 신중하게 구매합니다.

알려지지 않은 브랜드 제품이라면 먼저 브랜드를 알리는 마케팅을 해야 합니다. 브랜드를 알리는 마케팅은 뉴스기사, 블로그, SNS 마케팅입니다. 뉴스기사는 키워드 검색 시 포털 검색이 되어야 유리합니다. 마케팅 전에 가격준수 B2C몰(스마트스토어, 오픈마켓) 판매를 통해 제품 브랜드 검색이 되어야 합니다. 그리고 포털 검색에 노출이 안되는 공동구매(SNS) 유통채널에도 제안합니다. 가격이 높아 제품선정이 안된다면 마케팅 유통채널에 제안합니다. 마케팅 회사에서 온라인 유통으로 진입한 회사가 많습니다. 마케팅을 통해 브랜드가 알려지기 시작하면 종합몰, 복지몰·폐쇄몰, 회원몰 등에 제품의 입점 제안을 합니다. 키워드 클릭 광고도 진행합니다. 그리고 대상 연령대가 높은 제품이고, 판매가격 대비 공급 마진이 50% 이하로 가능하다면 텔레마케팅, 인포머셜, 오프라인 신문기사 광고가 매출에 도움이 됩니다.

가격이 무너지지 않는다면 다양한 유통채널에서 제품을 공급해달라고 연락이 올 것입니다. 유통채널 담당자가 마케팅이 되어 있는 제품을 보았고, 경쟁력이 있다면 빠르게 유통과 판매가 됩니다. 광고대행사에 마케팅을 맡길 경우, 유통과 마케팅의 그림을 그린 후 진행할 광고를 정하고, 광고예산 안에서 진행한다면 광고비 낭비를 줄일 수 있고, 유통현장에서 마케팅이 필요한 시점에 광고를 진행할 수 있습니다.

제휴를
잘하는 비법

'제휴(提携)'란 행동을 함께하기 위해 서로 붙들어 도와준다는 뜻입니다. 제휴는 사람과 사람 사이의 관계를 잘 맺어야 합니다. 일반적인 제휴는 1 : 1 제휴가 많습니다. 1 : 1 제휴는 어느 한쪽이 손해 본다는 생각이 들면 틀어질 확률이 높습니다. 0.5 : 1.5 라는 숫자가 있습니다. 숫자의 의미는 무엇일까요? 오른쪽의 숫자가 더 많습니다. 왼쪽 1에서 오른쪽 1에 0.5를 더 주었습니다. 왼쪽보다 오른쪽에서 도움을 더 받는다는 생각이 들도록 제휴를 한다는 뜻입니다. 도움을 주는 제휴라면 비즈니스 관계는 오랫동안 유지됩니다. 최고의 제휴는 상대방이 직원이라면 승진이 되도록, 회사라면 돈을 벌 수 있도록 도와주는 것입니다. 지금 당장은 이익이 적은 것 같지만 시간이 지나 제휴가 늘수록 많은 이익이 될 것입니다. 지금부터 1 : 1 일반 제휴에서 0.5 : 1.5의 고수 제휴를 통해 좋은 결과를 만들면 됩니다.

제휴를 할 때는 대화, SNS, 이메일, 문자 등에서 상대방에 대한 극존칭은 피하는 게 좋습니다. 지나친 극존칭은 오히려 경시를 받을 수 있기 때문입니다. 그리고 당당해야 합니다. 당당함의 밑바탕에는 겸손이 깔려 있어야 합니다. 또한 담당자가 연락하고 싶게 만들어야 합니다. 마지막으로 적을 만들면 안 됩니다.

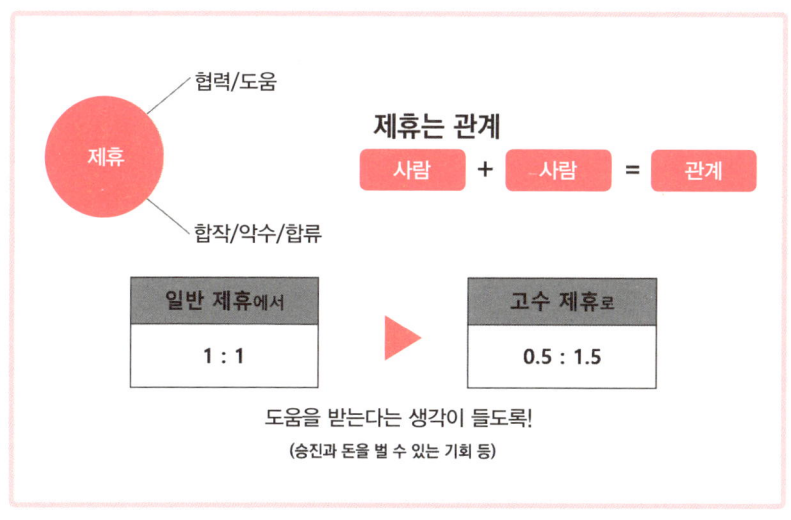

[자료5] 유통스타트 0.5 마케팅

내부 제휴 잘하기

회사 부서나 조직 사이에서는 내부 제휴가 중요합니다. 상사가 내부 제휴를 잘하기 위해서는 다음 사항들에 유의해야 합니다. 첫 번째는 좌절 금지입니다. 부정적인 말, 한숨 등을 통해 회사 및 조직 분위기를 가라앉게 해서는 안 됩니다. 물론, 절대 안 되는 건 없습니다. 다만, 될 때까지 해보면 기쁨과 희열을 느낄 것입니다.

두 번째는 업무 지시를 할 때, 언제까지라는 체크를 통해 업무가 늘어지거나 중요하지 않은 일이 우선순위가 되지 않도록 해야 합니다. 업무 지시는 기간을 정해주고, 중간점검을 해야 합니다.

세 번째는 감정으로 혼내지 않아야 합니다. 감정으로 혼내면 주눅이 들거나 자존심이 상해 원한을 품게 됩니다. 혼내야 할 때는 사람이 없을 때 하고, 칭찬은 사람들이 있을 때 합니다.

　네 번째는 말을 아껴야 합니다. 자유로운 회의 분위기를 만들고, 말을 하지 않는 분위기에서는 구체적으로 상대방(이름 또는 직위)을 가리켜 질문과 답변을 유도해야 합니다. 회의 때 중재만 하면 됩니다. 신입의 입에서 나오는 말이 아는 이야기일지라도 기죽이지 않도록 합니다. 잘 모르는 것은 가르치지 말고, 알려주어야 합니다.

　다섯 번째는 원칙과 기준을 세워 일해야 합니다. 윗선에서 내려온 지시로 진행하고 있는 비즈니스와 업무를 쉽게 변경해버리거나 하면 안 됩니다. 잘한 일과 잘못한 일에 대해 명확하고 공평하게 대해야 합니다. 회사를 망치는 가장 위험한 사람은 자기 스스로 잘하고 있다고 생각하는 상사입니다. 누구나 실수를 합니다. 사람을 죽이는 기준보다 사람을 살리는 부드러운 기준을 세워야 합니다. 자기 말을 잘 듣는 사람만 키우는 것도 회사 발전이 퇴보하는 길입니다.

　직원이 내부 제휴를 잘하기 위해서는 다음 사항에 유의해야 합니다. 첫 번째는 마찬가지로 좌절 금지입니다. 직원의 부정적인 말, 한숨, 뒷담화는 회사나 조직의 분위기를 망가뜨리고 분열시킵니다.

　두 번째는 복명복창을 잘해야 합니다. 상사의 지시 또는 다른 부서와의 업무가 진행되면 확인 차원에서 지시 및 업무 사항이 맞는지 되물어야 합니다. 상사의 업무 지시를 그대로 다시 이야기한다면 신뢰가 상승하고 실수도 줄일 수 있습니다.

세 번째는 진행하는 업무와 프로젝트를 언제까지 처리할지, 기간과 날짜를 정해서 일해야 합니다. 기간과 날짜를 정하지 않고 일하게 되면 새로운 일이 생겼을 때 일이 밀리게 되고, 부서 간 또는 회사 간 일과 비즈니스에 손실을 초래할 수 있습니다. 업무는 언제까지 끝내겠다는 습관을 들이지 않으면 한꺼번에 일이 몰려 분주해질 수 있습니다.

네 번째는 중간보고를 해야 합니다. 중간보고를 하면서 일과 비즈니스를 제대로 하고 있는지 확인을 통해 혼자만의 판단으로 문제가 발생되지 않도록 해야 합니다. 모르면 물어봐야 합니다. 중간보고는 이행보고와 지연보고를 구분해서 해야 합니다. 자리를 비울 때 또는 업무 중간에 문자 및 SNS로 보고하면서 업무가 올바르게 진행되고 있는지 확인해야 합니다.

다섯 번째는 반복되는 실수를 줄이기 위해 메모를 남깁니다. 업무 (업무 제목, 내용, 기간, 지시자, 진행 현황 등)메모와 실수메모를 구분해서 남깁니다. 틀린 문제를 다시 틀리듯, 실수한 업무는 다시 실수할 수 있습니다.

서로 의견이 다를 때 Tip

• 돌직구는 금지! 옳은 말이라도 감정이 상해버리면 상대방은 청개구리로 돌변합니다. 말은 부드럽게, 상대방을 배려하면서 해야 합니다.

• 주장이 너무 강하면 듣는 사람은 입을 다물어버립니다. 뛰어난 리더는 직원들의 이야기를 들어본 후 조율만 합니다. 직원들 스스로 해결할 수 있는 기준을 세우고, 통로만 만들어주면 됩니다.

• 의견이 다르다고 그 사람을 미워해서는 안 됩니다. 강하게 자신의 의견을 주장하기보다는 부드럽게 설득해야 합니다.

외부 제휴 잘하기

외부 제휴를 잘하기 위해서는 나를 매력적으로 만들어야 합니다. 거래처 담당자 또는 회사에서 나를 알아두면 비즈니스와 개인발전에 도움이 될 것 같다는 생각이 들게 해야 합니다.

외부 제휴는 '마케팅 3' 법칙에 기준을 두고 진행합니다. 첫 번째, 비즈니스를 위해 거래처에 제안서를 보낼 때 이메일, 문자, SNS에서 상대방에게 지나친 극존칭은 쓰지 않습니다. 두 번째, 당당해야 합니다. 자신감이 있어 보이는 회사와 그렇지 않은 회사 중 어떤 회사와 제휴를 하고 싶을지 거래처 담당자가 되어 바라보면 됩니다. 세 번째, 첫 문구 즉, 제목이 중요합니다. 제휴처 담당자는 바쁘기 때문

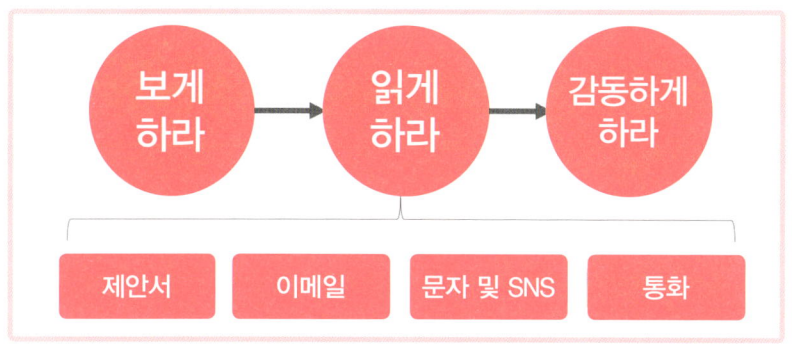

[자료6] 유통스타트 '마케팅 3 법칙'

에 한 줄만으로 읽게 만들어야 합니다. 지금 읽지 않더라도 나중에 꼭 보고 싶게 만들어야 합니다. 네 번째, 제휴 담당자가 연락하고 싶게 만들어야 합니다. 매출, 승진, 개인적인 보상이든 담당자가 원하는 게 있을 것입니다. 다섯 번째, 중요한 제휴처라면 제휴가 될 때까지 연락하고 공을 들여야 합니다. 담당자는 상황에 따라 기분이 변할 수 있습니다. 기분이 좋은 그날까지 안부 문자, 이메일, SNS 등을 총동원해야 합니다.

연락하기 Tip

• 문자 및 SNS

① 날짜와 시간을 정해 반복적으로 꾸준히 보냅니다.

② 받는 사람이 답장할 수밖에 없도록 서정적으로 보냅니다.

③ 개인적으로 안부문자 및 SNS를 받는 느낌이 들도록 보냅니다.

※ 단체 문자를 보낼 때는 직급별(대표/이사/본부장/부장/차장/대리 등)로 ②~③의 내용을 참고해서 보냅니다.

• 이메일

① '문자 및 SNS'의 ①~③의 내용과 동일합니다.

② 담당자의 업무에 도움이 되는 내용을 보냅니다.

③ 담당자에게 도움이 되는 내용(비즈니스와 관련된 정보, 좋은 글 등)을 보냅니다.

※ 받는 사람이 나를 기억하도록 보내는 것이 중요합니다.

성공으로 이끄는
마케팅 3요소

마케팅 1요소는 '보게 만드는 것!'

퇴근 후 집에 가는 길에 과일 파는 아저씨를 보게 됩니다. 아저씨 얼굴을 볼 때마다 "과일 안 살 거면 말 걸지 마!"라는 느낌입니다. 과일을 팔고 싶은 건지 물어보고 싶을 정도입니다. 오늘도 역시 무뚝뚝한 표정으로 사람들이 과일을 사든지 말든지 TV를 시청하고 있습니다. 과일을 잘 팔 방법이 없을까? 상상해보았습니다. 무뚝뚝해 보이는 아저씨의 모습을 귀여운 모습으로 포장해보았습니다. "어린지 수입산 10개 10,000원", "애어뿔 대구산(수출용) 5개 10,000원" 혀를 한껏

굴린 과일 이름 글자로 재미를 주었습니다. 과일 모자까지 쓰고 있다면 무뚝뚝한 아저씨가 친근하게 느껴져 소비자가 편안하게 다가갈 것입니다.

마케팅 2요소는 '읽게 만드는 것!'

마케팅의 첫걸음은 '보게 만드는 것!'이라고 했습니다. 그렇다면 보게 만들면 다 되는 것일까요? 보게 했으니, 다음 행동을 취하게 만들어야 합니다. 과일 가격이 얼마인지 확인하는 것입니다. 인터넷, 모바일 마케팅은 제품(서비스)에 맞는 키워드와 콘텐츠를 소비자가 보고 클릭해서 방문할 수 있게 연구해야 합니다. 너무 많은 것을 한꺼번에 보여주려고 하면 정확한 제품정보를 보여주지 못합니다. 소비자가 창을 닫으면 엉뚱한 정보가 기억에 남을 수 있습니다. 이가 아프면 치과만 보입니다. 제품(서비스)을 원하는 소비자에게만 눈에 띄게 만들어 반응하게 하면 됩니다. 모든 소비자의 눈에 띄게 하려면 마케팅 및 관리비용만 늘어나게 됩니다.

마케팅 3요소는 '감동을 주는 것!'

마케팅은 감동을 주어야 합니다. 그래야 물건을 사게 되고 다른 사람에게도 추천하게 됩니다. 좋은 영화를 보고 감동하면 영화사에서 홍보해달라고 하지 않았는데도 영화를 꼭 보라고 주위에 말합니다. 마케팅은 성공할 때까지 보게 하고, 읽게 하고, 감동받을 수 있도록 반복해서 점검하고 보완하는 것입니다. 이상의 마케팅 3요소는 기획안, 사업계획서, 디자인, 마케팅, 사람 관계, 영업 등 모든 곳에 적용할 수 있습니다.

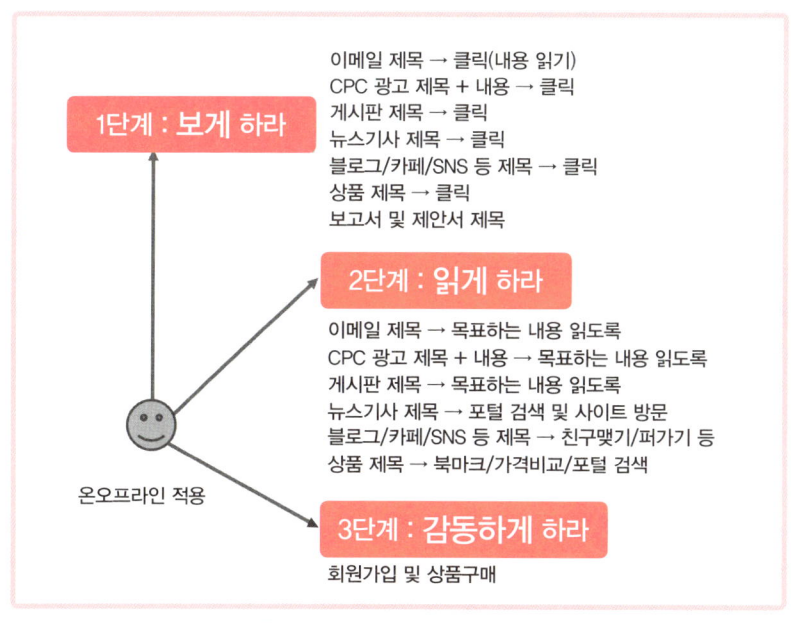

[자료7] 마케팅 3요소 적용 사례

문자로
비즈니스하기

단체문자나 SNS를 통해 광고를 접하게 됩니다. 광고라고 생각하는 내용은 일단 무시해버립니다. 그런데 광고를 정보로 받아들인다면 다를 수 있습니다. 어떻게 하면 문자 및 SNS 내용을 정보로 받아들이게 만들 수 있을까요?

첫째, 날짜와 시간을 정해서 꾸준히 문자를 보내고 글을 남깁니다. 둘째, 상대방이 받은 후 답장(답글)하고 싶은 내용이어야 합니다. 셋째, 받는 사람이 단체문자(글)가 아닌 개인적으로 받는 느낌이 들게 해야 합니다.

글이나 문구도 콘텐츠입니다. 도움이 되는 내용을 받게 되면 상대방도 반응(답장, 답글, 댓글)을 합니다. 시간이 없다고, 귀찮다고 단체문자나 SNS, 단체 톡에 복사해서 붙이기 식으로 올리면 반응은 적습니다. 보내는 사람이 누군지 궁금해지는 글이 되어야 합니다. 나에게만 좋은 긴 글은 상대방에게 귀찮을 수 있습니다. 반대로 짧은 글이라도 시간을 들여 정성껏 보내는 사람은 기억에 남을 것입니다.

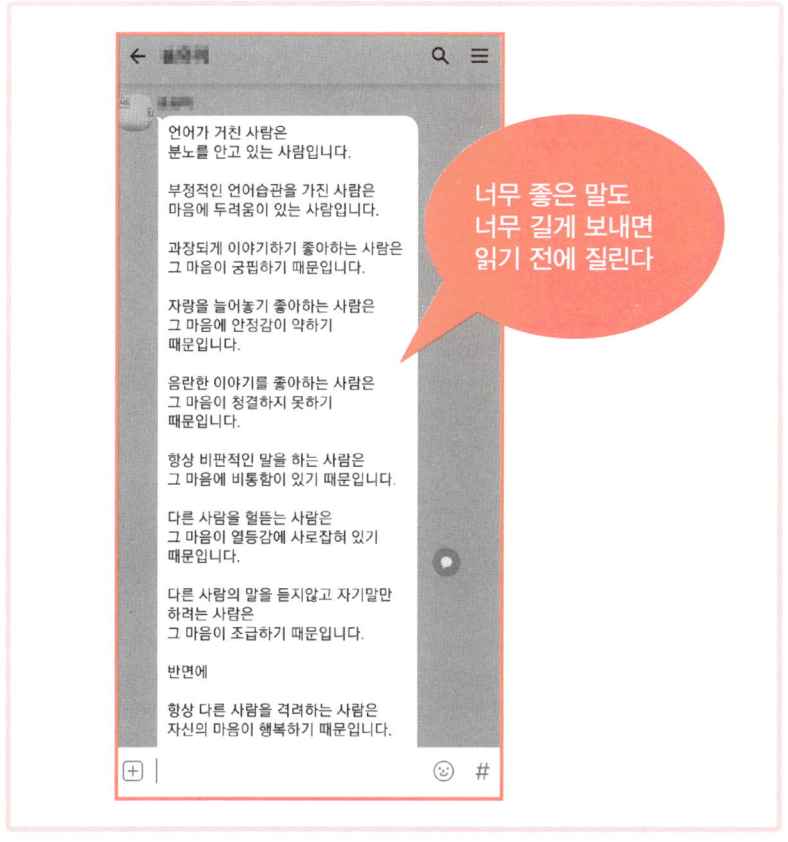

[자료8] 스팸처럼 느껴지는 나에게만 좋은 긴 글

[자료9] 짧지만 상대방의 기억에 남는 글

도움이 되는 콘텐츠는 끝까지 간다

"마지막까지 살아남는 자가 이기는 거여!"라는 영화 속 대사가 생각납니다. 소중하게 만든 제품이 있습니다. 제품 출시 후 블로그 또는 SNS에 제품정보를 꾸준히 올립니다. 시간이 지나고, 차츰 제품문의가 옵니다. 그리고 제품을 사용한 소비자는 주위에 제품을 소개합니다.

모든 제품이 이렇게 블로그 또는 SNS에 정보를 올리면 시간이 지나 구매와 소개로 이어질까요? 아닙니다. 올리는 내용에 따라 그 결과는 달라집니다. 광고기법을 통해 오랫동안 검색 상위에 노출되기도 합니다. 그러나 돈만 벌기 위한 정보는 잠시 이득은 될 수 있지만 오래가지 못합니다. 소비자에게 도움이 되는 정보를 계속 올리고, 그것들이 쌓일수록 제품 관련 키워드의 조회가 늘고 제품문의도 많아집니다. 그런데 제품이 받쳐주지 못하면 이 또한 오래가지 못합니다. 제품을 잘 만들어야 오랫동안 소비자의 사랑을 받을 수 있습니다. 지금부터 공감대가 형성되는 콘텐츠를 SNS, 블로그에 올려보십시오. 단, 꾸준히 올려야 합니다. 처음부터 공감대가 형성되지는 않습니다. 글을 올리고 운영하다보면 어떤 콘텐츠가 많은 공감대를 형성하는지 알게 됩니다. 마케팅 세미나에 참석하는 것도 큰 도움이 됩니다. 복사해서 붙이기 식으로 비슷한 내용을 올리는 콘텐츠는 소비자의 관심을 받지 못합니다.

솔직히 검색 포털의 도배방식도 쉽지는 않습니다. 마케팅을 아는 광고대행사만 가능합니다. 콘텐츠는 몇 가지 주제(제품의 탄생 스토리나 대표자의 제품철학), 회사소개(대표 소개), 제품의 장단점, 체험후기 등을 정해서 올리면 좋습니다. 지나친 인물 자랑, 회사(제품) 소개 등의 빈번한 노출은 오히려 소비자의 관심을 받지 못할 수 있습니다. 나이가 어릴수록 텍스트보다는 영상콘텐츠를 많이 보기 때문에 동영상 제작은 이제 필수입니다.

신뢰가 가는
광고대행사 찾기

우리가 알고 있는 마케팅보다 사실 모르는 마케팅이 더 많습니다. 제품(서비스)과 맞는 마케팅을 찾기 위해 모든 마케팅을 진행할 수는 없습니다. 그렇다면 제품(서비스)에 도움이 되는 마케팅을 어떻게 찾을 수 있을까요? 내 일처럼 해주는 광고대행사와 광고매체를 찾으면 됩니다.

그럼, 지금부터 광고대행사를 한번 알아보겠습니다. 검색 포털에서 '광고대행사'를 검색합니다. 몇 군데를 선택해서 전화를 합니다. 신호가 갑니다.

첫 번째 광고대행사 직원이 받습니다. "친절히 상담해드리겠습니다. ○○회사 ○○○팀장입니다." 친절하게 전화를 받습니다. 후보로 등록합니다.

두 번째 광고대행사에서는 광고서비스 내용을 쉽게 이해할 수 있도록 설명해줍니다. 후보로 등록합니다. 모르는 용어 남발, 잘난 척 하는 곳은 탈락입니다.

세 번째 광고대행사에서는 광고주에게 도움이 되는 정보를 주려고 합니다. 후보로 등록합니다. 광고 스킬만 알고 있는 담당자보다는 비즈니스 경험을 갖춘 담당자가 도움이 됩니다.

네 번째 광고대행사는 궁금할 때, 문제가 발생할 때 연락이 잘되는 곳입니다. 후보로 등록합니다. 관리할 광고주가 많아서 바쁘고, 연락이 잘 안된다면 후보 보류 및 탈락입니다.

다섯 번째 광고대행사는 무턱대고 효과가 좋다고 합니다. 담당자가 효과를 책임지겠다고 합니다. 이곳은 후보에서 탈락입니다. 광고는 항상 효과가 좋을 수 없습니다. 한번 진행된 광고의 결과는 되돌릴 수 없습니다.

내 일처럼 해주는 광고대행사는 없습니다. 광고주의 손과 발, 역할을 잘하는 광고대행사를 만나면 됩니다. 유통의 방향과 목표가 세워지면 브랜드광고인지 매출광고인지에 따라 광고의 예산을 정하고, 광고대행사를 찾아야 합니다. 광고비 10만 원으로 1,000만 원의 매출을 원하는 광고주가 있다면 잘못된 마인드입니다. 광고도 운이 따라야 합니다. 결과가 안 좋게 나올 수도 있습니다. 아무것도 안 하는 것보다 제품에 맞는 광고를 찾아 진행하는 회사가 매출에도 도움이 되고 살아남을 확률도 높습니다.

마케팅은
언제까지 하나요?

마케팅은 브랜드가 알려질 때까지 해야 합니다. 아니, 브랜드가 알려져도 마케팅은 계속해야 합니다. 마케팅은 한 번으로 성공하기 어렵습니다(간혹 성공하기도 하지만, 진짜 운입니다). 오늘은 실패지만 내일, 다음 달에 성공할 수 있습니다. 현재, 진행하고 있는 마케팅의 분석과 진단, 보완을 통해 성공할 때까지 진행해야 합니다. 대부분 효과가 없으면 바로 중단해버립니다. 마케팅의 실패 원인도 알지 못합니다. 이러면 마케팅이 도움이 되지 않습니다.

만약, 마케팅 예산이 없다면 몸을 움직여야 합니다. 우리는 휴대전화로 SNS, 블로그 등에서 정보를 매일 접합니다. 바로 계정을 만들어 글과 동영상을 올리면 됩니다. 모르면 배우면 됩니다. 돈만 벌기 위한 SNS, 블로그를 운영하면 사람들은 귀신같이 압니다. 정보와 도움이 되는 콘텐츠를 준비해서 공감대가 형성되는 콘텐츠를 올리고 운영해야 합니다. 유머나 재미 위주로 편중된 콘텐츠는 광고 외 제품 소개, 판매가 쉽지 않습니다. 운영하는 콘텐츠에 대한 공감대가 형성되면 구독, 팔로우, 이웃 추가 수가 증가합니다. 시간이 지나 팬클럽도 생깁니다. 팬클럽은 본인만의 매체가 됩니다. 매체가 되면 마케팅 및 제품을 판매할 수 있습니다. 대표적인 사례로 국내의 카카오스토리와 밴드는 SNS 유통채널로 굳건히 자리 잡았습니다.

간단한 마케팅 점검

1. 웹사이트를 갖고 있다. → Yes / No
2. 웹사이트가 표준화되어 있다. → Yes / No / 표준화를 모른다.
3. 검색 포털에 등록되어 있다. → Yes / No
4. 마케팅 진행 경험이 있다. → Yes / No
5. CPC/CPA/CPM/CPS 용어를 알고 있다. → Yes / No
6. 블로그를 운영하고 있다. → Yes / No
7. 카페를 운영하고 있다. → Yes / No
8. SNS 활동을 하고 있다. → Yes / No / SNS를 모른다.
9. 검색 포털의 키워드 광고 경험이 있다. → Yes / No

Yes가 몇 개인가요? 마케팅은 No에서 Yes로 향하는 여정입니다. 앞으로도 새로운 광고매체가 많이 생겨날 것이지만, No에서 Yes로 향하면 됩니다.

이번에는 마케팅 계획을 맵으로 작성해보겠습니다. 전체 마케팅의 그림을 볼 수 있습니다. 전체 그림을 보면서 세부 계획을 세우면 됩니다. 맵 작성 프로그램은 국내의 씽크와이즈와 해외의 마인드젯 프로그램이 있습니다.

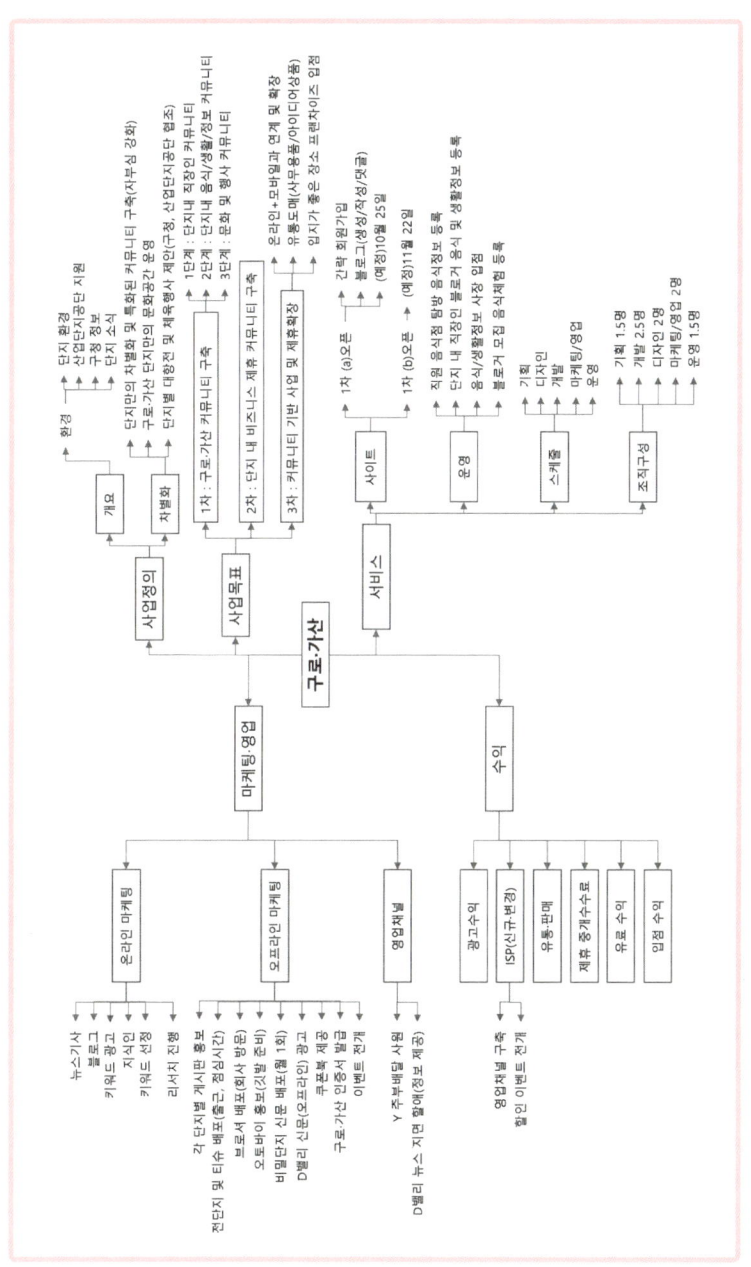

[자료10] 구로가산 포털비즈니스 맵 작성 사례

소비자 중심의
사이트 만들기

공장에서 똑같은 제품을 찍어내듯 홈페이지도 찍어내는 세상이 되었습니다. 그런데 회사의 제품(서비스)을 쉽고 명쾌하게 보여주는 홈페이지는 많지 않고, 방문자가 볼 필요 없는 페이지가 많습니다. 홈페이지를 방문해서, 1분 동안 원하는 정보를 얻지 못하고 여기저기 클릭하고 헤맨다면 창을 닫을 것입니다. 인터넷 또는 모바일 홈페이지에서 원하는 비즈니스 내용과 제품(서비스) 정보를 몇 번의 클릭만으로 또는 처음부터 볼 수 있도록 해야 합니다. 그리고 Q&A 게시판 및 전화, SNS를 통해 쉽게 문의할 수 있도록 지원해야 합니다. 홈페이지에서 많은 것을 보여주고 싶지만, 중요한 것은 방문 시간 안에 원하는 정보를 빨리 얻도록 도와주는 것입니다. 많은 걸 보여주는 것보다 콘셉트(회사와 제품 소개), 방문자가 필요로 하는 정보(이미지 및 게시판) 위주로 제작해도 됩니다. 방문자가 북마크를 하게 하면 30점, Q&A 게시판, SNS 문의를 하면 50점, 상담 전화(결제 및 참여)가 오면 70점 이상의 홈페이지입니다. 홈페이지 회원가입 유치도 좋지만 SNS(카카오 오픈 채팅 및 네이버 밴드)를 적극적으로 활용하는 것도 도움이 됩니다.

매출을 위한 홈페이지 만들기

① 상담이 가능한 전화번호가 부담되지 않게 눈에 띄어야 합니다. 쉽게 문의가 올 수 있어야 합니다.

② 소비자가 원하는 정보(콘텐츠)페이지 및 상세페이지를 만들어야 합니다. 지나친 과장광고는 시간이 지나면 의심도 동시에 증가합니다.

③ 회원관리 프로그램을 통해 상담 내용을 정리해야 합니다. 상담 내용을 자세히 작성해야 통화할 당시 상황이 떠올라서 다시 통화할 때 소비자 입장에 맞춰 상담할 수 있습니다. 상담 내용을 간단히 작성해서는 안 됩니다.

④ 제휴를 시작합니다. 이때, 돈을 먼저 생각하는 제휴는 오래가지 못합니다. 돈이 사람을 배신하게 만들기 때문입니다. 제휴를 잘하는 방법은 멀리 보고, 인내하고, 기다리는 것입니다. 중복으로 겹치는 제휴보다는 보완관계가 되는 제휴가 유리합니다.

새는 돈을 막는
내부 마케팅

마케팅이라고 하면 돈을 투자하는 마케팅이 떠오릅니다. 돈을 투자해서 마케팅이 진행되면, 내부 마케팅도 함께 진행해야 합니다. 대부분 내부 마케팅이 존재하는지도 모릅니다. 내부 마케팅이란 사이트 문의 및 전화 문의가 오면 응대를 잘하는 것입니다.

질문 1. 웹사이트의 Q&A 게시판 및 이메일, SNS로 문의가 왔습니다. 어떻게 하시겠습니까?
① 30분 이내에 적극적으로 답변한다.
② '누군가 하겠지'라는 생각도 들고, 바쁘니까 나중에 답변한다.

자, 소비자는 1번과 2번 중에 어떤 회사를 신뢰하게 될까요? 그리고 어떤 회사가 잘될까요?

질문 2. 소비자에게 문의 전화가 왔습니다. 소비자가 편안하게 문의할 수 있도록 친절한 멘트와 명랑한 목소리로 전화를 받는 것이 좋을까요?
① Yes
② No

몇 번을 선택하셨나요? 정답은 당연히 ①번입니다. 설령 클레임 전화일지라도 친절하고 명랑하게 받아야 합니다. 그래서 전화 멘트는 매우 중요합니다. "친절히 상담해드리겠습니다. ○○(회사) ○○(직위) ○○○(이름)입니다." 이러한 멘트는 스스로 친절한 상담을 다짐하기 때문에 친절해질 확률이 높아집니다. 소비자의 전화를 친절하게 받을 수 있는 멘트를 매일 근무 전에 복명복창해보십시오. 처음에는 쑥스럽고 낯설겠지만, 시간이 지날수록 가장 발전하는 사람은 본인입니다. 그리고 회사의 매출도 달라질 것입니다.

제2의 마케팅인
소비자 응대 노하우

소비자 응대(전화, 게시판, SNS 등)를 통한 제품문의는 소비자의 구매 결정에 도움이 됩니다. 소비자 응대는 친절과 정성이 느껴져야 합니다. 소비자 응대 담당자는 소비자의 간절한 마음을 느끼고 상담해야 합니다. 형식적인 답변은 안 하는 것보다 못합니다.

그때그때 소비자 응대가 다르면 매출에 도움이 되지 않습니다. 소비자 응대를 각자의 방식으로 하지 않도록 소비자 응대 매뉴얼을 표준화해야 합니다. 그리고 소비자 응대 평가 시스템을 갖춰 개선 및 발전시켜야 합니다.

전화를 통한 소비자 응대 노하우는 첫 번째, 소비자 입장에서 봤을 때, 같은 사람(담당)이 계속 전화를 받는 듯한 착각이 들도록 일정한 목소리 톤으로 반복된 멘트를 하는 것입니다. 두 번째, 전화 응대는 명랑하게 해야 합니다. 불만이 있는 소비자도 명랑한 목소리를 들으면 너그러운 마음이 생깁니다. 세 번째, 저음의 목소리 톤은 금지입니다. 선천적인 저음이라면 명랑하게, 그리고 친절하게 받을 수 있도록 노력해야 합니다. 네 번째, 몸에 밸 때까지 훈련합니다. 업무 시작 전, 함께 구호를 외치고 마무리합니다. 구호 선창 후 전체 복창한 후, 개별 구호 후에 마무리하는 등 반복만이 살길입니다. 다섯 번째, 상담용어나 기록의 표준화 등 소비자관리 시스템이 통합되어 있어야 합니다.

인터넷을 통한 소비자 문의 게시글이나 댓글 및 이메일 답변 노하우는 친절하게 정성껏 소비자 입장에서 작성하는 것입니다. 또한 딱딱하지 않으면서도 재치 있게 작성해야 합니다.

소비자 응대 자가 진단

1점부터 5점까지 자신의 점수를 매겨보세요.

명랑함 : 1점/ 2점/ 3점/ 4점/ 5점
친절함 : 1점/ 2점/ 3점/ 4점/ 5점
자신감 : 1점/ 2점/ 3점/ 4점/ 5점
논리력 : 1점/ 2점/ 3점/ 4점/ 5점
성실함 : 1점/ 2점/ 3점/ 4점/ 5점

실수도 마케팅

다음은 실수가 매출로 이어진 한 사례입니다.

지인 : 실수도 마케팅이라네.
나 : 실수가 마케팅이라고요? 왜요?
지인 : 내가 운영하는 쇼핑몰이 회원들이 재방문을 너무 안 해서 고민거리였어.
나 : 그래서요?
지인 : 회원들에게 정기 문자랑 이메일을 보냈는데, 효과가 없었다네. 혹시 동료에게 보낼 문자를 상사에게 잘못 보낸 경

험, 있지 않나?

나 : 그런 적이 있지요.

지인 : 상사나 다른 사람이 그 문자를 받았다고 생각해보게나.

나 : 아하! 잘못 보냈기 때문에 홍보 문자보다는 관심을 가질 수 있겠는데요?

지인 : 그렇지. 몇몇 회원들은 항의 전화가 오기도 했다네. 직원에게는 전산상 오류로 문자가 잘못 갔다고, 죄송하다고, 다시는 이런 일이 안 생기도록 조처하고 있다고 말하라고 했지. 항의 전화도 응대만 잘하면 내 쇼핑몰을 다시 인지시키는 계기가 된다네.

나 : 결과는 어떻게 되었나요?

지인 : 매출이 올랐다네.

실수도 마케팅이 될 수 있습니다. 그러나 같은 방법을 계속 이용하면 독이 될 수 있습니다. 실수를 두려워하지 마세요. 실수를 통해 배우는 것도 많습니다.

돈을 버는 재무제표

비즈니스를 시작할 때 재무제표가 중요하다고 생각하는 사람은 많지 않습니다. 시간이 지나 회사 규모가 커지면 은행에서 회사 이름으로 자금을 빌리거나 투자를 받을 때 재무제표가 중요하다는 것을 알게 됩니다. 회계전문가가 아니므로 유통에서 돈을 버는 재무제표(대차대조표)에 대해서 간단하게 공유하고자 합니다.

사람들은 현금을 좋아합니다. 실제로도 현금을 많이 벌어야 부자가 될 수 있습니다. 그런데 현금을 많이 갖고 있으면 주위에서 어떻게 알고 돈을 빌리려는 사람이 많아집니다. 그래서 현금을 쉽게 찾지 못하는 곳에 돈을 맡겨야 합니다. 은행에 현금을 맡기면 안전합니다.

그런데 은행이자로 집을 살 수 있을까요? 부자는 현금을 많이 보유하지 않도록 투자처를 찾아다니며 현금화를 어렵게 만듭니다. 현금은 어느 정도 가지고 있으면 좋을까요? 현금(당좌자산)은 유동부채만큼만 가지고 있으면 됩니다. 그래서 개인이든 회사든 유동부채를 정확히 파악하는 것이 중요합니다.

일반 대차대조표

차변	대변
유동자산 1. 당좌자산 　현금/예금/적금/외상매출금 2. 재고자산 　상품/제품 고정자산 1. 투자자산 　주식/장기 대여금 2. 유형자산 　건물/토지/비품/차량운반구 3. 무형자산 　권리금/특허권	유동부채 월급/단기 차입금/어음 고정부채 정책자금/퇴직금/장기 차입금
	부채
	자본금 이익잉여금
자산	자본

[자료11] 일반 대차대조표

돈을 버는 대차대조표	
차변	대변
유동자산 1. 당좌자산 　현금/예금/적금/외상매출금 　　　현금 발생 ↓ 2. 재고자산 　상품/제품 고정자산 1. 투자자산 　주식/장기 대여금 2. 유형자산 　건물/토지/비품/차량운반구 3. 무형자산 　권리금/특허권	유동부채 월급/단기 차입금/어음 고정부채 정책자금/퇴직금/장기 차입금
	부채
	자본금 이익잉여금
자산	자본

[자료12] 돈을 버는 대차대조표

　부자는 여유 현금이 생기면 투자처를 찾아 현금을 투자합니다. 투자방식에는 채권(부채에 투자)과 주식(자본에 투자) 두 가지 방식이 있습니다. 채권은 안정적일 경우 투자를 합니다. 그리고 원금과 이자수익을 보장받습니다. 주식은 안전한 곳에 투자도 하지만 변동성(불확실성·위험성)이 클수록 이익이 크기 때문에 투자하기도 합니다. 투자를 잘하기 위해서는 투자 포트폴리오를 만들어서 분산투자를 해야 유리합니다. 부자는 시간이 지날수록 현금이 계속 증가합니다. 그리고 여유 현금을 투자(채권, 주식, 부동산(임대사업) 등)하는 곳도 증가합니다.

 부자는 자산을 늘리고 부채를 줄입니다. 유동부채 이상의 유동자산(당좌자산-현금)을 소유하지 않습니다. 여유 현금이 생기면 투자할 곳을 찾아 투자하고, 다시 현금이 생기면 투자를 반복합니다.

비난이 칭찬보다
안전하다

'감언이설'은 달콤한 말과 이로운 말로 남의 비위를 맞추거나 이로운 조건으로 꾀는 말이라는 뜻입니다. 비즈니스를 하다보면 다양한 사람들을 만납니다. 사람들은 지적하는 이야기와 듣기 좋은 달콤한 이야기 중 어떤 이야기를 듣고 싶어 할까요? 당연히 후자가 좋겠지만, 좋은 말과 칭찬으로 포장된 이야기는 경계해야 합니다.

회사 또는 협력업체에서 많이 아는 척하는 사람을 한 번쯤은 만나본 적이 있을 것입니다. 일을 해보면 순간의 재치로 넘어가려는 경우도 보게 됩니다. 반대 의견을 듣거나 지적을 받으면 자기를 무시한다고 생각해 감정적으로 고집을 부리기도 합니다. 얕은 지식으로 포장하고, 자기를 드러내는 사람은 언젠가 들통나기 마련입니다. 어떤 사람은 권모술수에 능해 사람과 사람, 회사와 회사 사이에서 이간질을 하고, 눈을 가리게 만들어 성실하게 일하는 사람들에게 상처를 주고, 회사를 떠나게 하고, 조직을 무너뜨립니다. 주위에 이런 사람이 있다면 비즈니스와 조직에 문제가 발생하고 있을 것입니다.

칭찬도 좋지만, 문제와 단점을 지적하는 사람이 주위에 있어야 합니다. 공감되는 지적은 도움이 됩니다. 잘난 척 무시하듯 말하는 조언은 도움이 되지 않습니다.

비즈니스 및 조직에 있어서의 단점 및 실수 노트를 만들고, 얼마나 개선되었는지 체크해보는 것이 좋습니다. 단점과 실수가 줄어들수록 꿈과 목표가 가까워지고 있을 것입니다. 그리고 칭찬과 아첨을 구분할 줄 안다면 좋은 인재들이 내 주위로 몰릴 것입니다.

당당한 사람이 끌린다

당당(堂堂)이란 말을 사전에서 찾아보면, '남 앞에서 내세울 만큼 떳떳한 모습이나 태도'라는 뜻을 가지고 있습니다. 어떤 모습이 당당한 모습일까요? 남들에게 "저 사람은 왜 저래?", "저 사람이랑은 말이 안 통해", "융통성이 없어"라는 소리를 듣는 사람이라면 고집 센 사람일 수 있습니다. "저 사람이 하는 말은 신뢰가 가", "저 사람이랑 일하고 싶어"와 같은 이야기를 듣는 사람은 겸손한 사람일 것입니다.

현장 경험을 토대로 깨닫고, 본인만의 비즈니스철학을 갖춘 사람의 모습은 당당함, 그 자체입니다. 책에서 본 지식은 많지만, 본인의 비즈니스철학을 갖추지 못한 사람은 헛똑똑이일 수 있습니다. 본인의 철학을 갖춘 사람의 말은 힘이 있습니다. 과거의 실수와 단점을 지적받으면 인정합니다. 그리고 타인에게 도움을 주기 위해 꾸밈없는 이야기를 차분하게 합니다. 만나는 사람들은 그가 고수임을 알아보고 경청합니다.

반면에 본인의 철학을 갖추지 못한 사람은 본인의 부족한 이야기는 듣지 않습니다. 이득이 되는 사람만 만납니다. 남의 것을 따라 합니다. 도움을 주는 것도 이득을 따집니다. 돈과 유명한 사람에게 약합니다. 가벼워 보입니다. 무시당하는 것을 참지 못합니다.

신제품 중에 인기제품이 나타났습니다. 얼마 지나지 않아 비슷한 제품들이 쏟아져 나옵니다. 소비자들은 비슷해 보이면 가격이 저렴한 제품을 택합니다. 재구매를 하려고 할 때 이전에 어떤 브랜드를 구매했는지 기억도 안 납니다. 비슷해 보이지만 눈과 마음이 가는 제품이 있습니다. 제품을 만들게 된 사연을 알게 되고, 소비자가 제품을 만든 사람의 혼이 담겨 있다고 느끼면 그것은 구매와 감동으로 이어집니다. 그리고 제품을 만든 사람이 변질되지 않는다면 오랫동안 소비자의 선택을 받을 것입니다. 모든 제품이 그런 것은 아니지만, 철학이 없는 제품은 영혼이 없는 육체와 같을 수 있습니다.

남을 탓하지 말자

'잘되면 내 덕! 잘못되면 남의 탓!'이라는 말이 떠오릅니다. 시간이 흐를수록 잔소리가 늘고 남의 단점은 잘 보게 됩니다. 그런데 잔소리를 줄이고 상대방의 장점을 찾아 칭찬한다면 본인부터 많은 변화가 생깁니다. 과거에 한 지인에 대해 다른 사람에게 칭찬하듯 말하면서 불만을 털어놓은 적이 있습니다. 그런데 불만을 털어놓았다는 이야기가 또 다른 사람의 입을 통해 저에게 돌아왔습니다. 쥐구멍에라도 들어가고 싶었습니다. 바로 변명도 했습니다. 그런데 변명할수록 분위기가 이상해졌습니다. '아차' 싶었습니다. 실수를 인정하고, 절대 입 조심하겠다고 다짐했습니다. 말은 인생을 컨트롤한다고 합니다. 말을 잘 제어하면 마음과 몸, 비즈니스와 일까지 통제할 수 있다는 이야기를 들은 적이 있습니다.

말을 잘 제어하기 위해서는 먼저, 사실인지 확인해야 합니다. 다른 사람에게 잘못된 정보를 듣고 똑같이 이야기하면 안 됩니다. 정확한 사실을 확인하기 위해서는 보고, 듣고, 말하는 객관적인 기준을 세워 한쪽으로 치우치지 않게 경청한 후에 말해야 합니다. 그리고 필요한 말인지 생각해야 합니다. 말을 뱉기 전에 이 말을 해도 되는지, 이 말이 꼭 필요한지, 듣는 사람에게 도움이 되는 말인지 생각해야 합니다. 마지막으로 상대방을 위한 말인지 확인해야 합니다. 상대방을 깎아내리는 말이 아닌지, 누군가를 헐뜯고 상처를 주는 말이 아닌지, 상대방을 위한 마음으로 말하는 것이 맞는지 확인해야 합니다.

사람은 누구나 실수합니다. 그러나 그 사실을 인정하지 않기 때문에 문제가 커집니다. 모든 문제는 사람에게서 나옵니다. 잘못된 것은 바로잡고, 부족한 것은 노력하고, 중독될 것은 절제하면서 올바른 방향으로 나아가다보면 원하는 목표에 도달할 것입니다.

부록
───────────────
유통채널 소개

유통전문 B2B 플랫폼
㈜온채널

온채널(www.onch3.co.kr)은 제조사와 판매사가 직거래하는 유통전문 B2B 플랫폼입니다. 제조사에게는 판로 개척의 기회로, 판매사에게는 국내외 좋은 제품을 발굴할 수 있는 장으로 다가오고 있습니다. 제조사는 자사의 상품을 팔아줄 수 있는 판매사를, 판매사는 매출을 올려줄 경쟁력 있는 상품을 원합니다. 온채널은 이러한 제조사와 판매사의 욕구를 충족시키고자 탄생했습니다.

온채널의 핵심서비스는 유통마케팅으로, 현재 1만 개의 입점사와 3만 개의 판매사가 온채널에서 활동하고 있습니다. 온채널에 입점한 제조(공급)사는 단기간에 다양한 유통경로를 확보할 수 있어 매출을 올릴 수 있고, 판매사는 경쟁력 있는 고품질 상품의 데이터를 제공받을 수 있습니다.

온채널은 제조사와 판매사를 지원하기 위해 유통센터, 마케팅센터, 데이터센터, 무역센터, 창업센터, 교육센터, 소상공인 평생교육원 등을 운영하고 있습니다.

유통센터는 제조사의 유통을 지원하기 위해 국내 오픈마켓을 비롯해 종합몰, 공동구매, 폐쇄몰, 전문몰, 소셜커머스 등 다양한 유통경로를 확보해 공유하고 있습니다. 무역센터는 해외 셀러들에게 상품의 데이터를 직접 공급하고 있는 B2B 무역 플랫폼입니다. 안정적인 해외물류 시스템을 탑재해 수출을 원하는 국내 제조사들에게 호평을 받고 있습니다.

아울러 온채널은 입점사 중 가격을 안정적으로 유지하면서 유통하기를 원하는 제조사를 위해 '가격준수 B2B관'을 개시해 유통채널에 또 다른 해결책을 제시하기도 했습니다.

온라인 B2B 유통 시장을 선도하고 있는 온채널은 온라인 유통 시장 트렌드에 맞춰 지속적으로 진화된 유통시스템을 개발해나가고 있습니다. 온채널에 대한 더욱 자세한 사항은 온채널 홈페이지에서 확인할 수 있습니다.

[자료13] 온채널의 홈페이지 화면

출처 : 온채널

기업특판의 살아 있는 전설
영스카이㈜

영스카이㈜(www.youngsky.co.kr)는 1978년 '영코리아'의 개인회사에서 일회용 라이터 생산으로 출발해, 일회용 라이터 및 플라스틱 주입용 라이터를 국내 최초로 개발·생산해 수출, 군납 등 특수판매 쪽으로 전문화되어 있던 회사입니다.

1995년 영스카이㈜로 법인 전환 이후 라이터 생산은 물론 필기용품류와 사무용품, 선물용품을 수입·개발해 영업채널 확대를 진행했고, 많은 파트너사와 함께하며 소비자가 원하는 제품을 기획에서부터 제조·수입, 판매까지 아우르는 종합판촉물 제조회사로 발전했습니다.

[자료14] 영스카이의 홈페이지 화면   출처 : 영스카이

2000년 이후 유통채널의 다변화와 중국 수입의 간편화가 진행되면서, 경쟁력 없는 상품의 비중을 줄이고 경쟁력 있는 기존 상품의 유통채널을 확장하며, 글라스락, 써모스 등 브랜드 제품의 특판 총대리점 사업권을 통해 확장된 유통채널을 공고히 했고, 타 주방생활용품 등도 취급하고 있습니다.

주요 판매채널로는 45년 동안 계속되어온 20,000여 개의 파트너사를 통한 특판, 판촉을 기반으로 다양한 기업 MRO 및 폐쇄몰을 통한 삼성, LG, 은행권 등 대기업 관련 특판 상품 공급을 하고 있으며, 온라인 위주의 시류에 맞춰 5대 백화점 온라인몰과 쿠팡, 이베이 등의 오픈채널도 운영하고 있습니다. 영스카이는 과거부터 최근까지 까다롭기로 유명한 청와대 납품을 진행했습니다.

    수십 년간 대기업, 공기업 등 크고 작은 소비자 업체들뿐만 아니라 상품을 공급해주는 공급사와도 신의를 지키고 거래하고 있습니다.

인포머셜 광고와
온라인 마케팅의 시너지 파워
㈜인포벨

인포벨(www.infobell.kr)은 우리나라에 '인포머셜'을 도입, 확장시킨 회사입니다. TV를 보며 직접 제품을 주문하는 '다이렉트 마케팅'을 처음 시작한 이후 지금까지 인포머셜 업계를 선도하고 있습니다.

인포벨은 '광고에서 판매까지 책임지는 마케팅 회사'입니다. 광고 후, 주문접수 - 수금 - 제품배송 - AS - 소비자관리까지 일괄처리하는 시스템을 갖추고 있습니다. 시대의 흐름을 정확히 읽고, 소비자의 욕구에 맞는 정보+설득 광고를 집행하고, 즉시 구매하도록 도와주는 다이렉트 마케팅으로 인포벨은 수많은 기업체와 소비자를 연결해주는 새로운 성공신화를 쓰고 있습니다.

[자료15] 인포벨의 홈페이지 화면   출처 : 인포벨

　　인포머셜이란 정보(information)+커머셜(commercial)을 합한 말로 정보를 많이 담은 광고를 말합니다. 15~30초의 정신없이 지나가는 광고와 달리 2~10분 동안 차분하고, 안정적으로 제품정보를 전달하기 때문에 시청자를 곧바로 소비자로 바꾸는 매력이 있는 광고입니다. 이것이 인포머셜 보유 매체 1위, 매체 영향력 1위, 판매 1위, 인포벨의 마케팅 파워입니다.

　　인터넷 세상의 마케팅 파워는 또 있습니다. 인포벨의 인터넷판매 전문사 애드크로스가 함께 만들어내는 시너지 효과입니다. 제품판매를 위한 애드크로스의 노력은 전문가 그룹의 '경쟁력 있는 브랜드 키워드 개발'에서부터 시작됩니다. 제품의 긍정적 내용에서 소비자를 구매페이지로 안내하는 역할에 이어, 쇼핑몰이나 홈페이지 구축은 물론 다양한 채널에서의 판매도 실시간으로 이루어지기 때문입니다. G마켓, 옥션, 11번가 등 오픈마켓에도 함께 입점하는 기회가 바로 인포벨에 있습니다. 인포벨은 24시간 늘 열려 있는 쇼핑 채널, 인터넷 홈쇼핑으로도 입소문이 나 있습니다. 현재 인포벨에는 패션, 미용, 가전, 가구, 식품, 생활, 육아용품 등 1400여 종의 제품이 판매되고 있습니다.

복합형 레저복지 플랫폼
㈜지마이다스

지마이다스(www.gmidas.com)는 진화하는 라이프 스타일에 맞춰 새로운 여가문화의 트렌드를 제시하는 복합형 레저복지 플랫폼 운영사입니다. 지마이다스는 고급형 리조트, 호텔, 펜션, 레저 서비스를 추구하며, 전국 100여 개 직영 리조트 & 호텔 & 펜션과 1,000여 개 체인 시설을 통해 전국 어디서나 편안한 여행 서비스를 제공합니다.

기업들의 직원 복지에 대한 관심과 필요성이 증가하면서, 지마이다스는 15년간 개인 소비자들을 대상으로 멤버십 서비스를 운영하며 쌓은 노하우를 바탕으로 2006년 기업복지 서비스를 향해 새롭게 출발했습니다. 직영 숙박시설과 레저, 스포츠 등 기존 사업의 서비스와

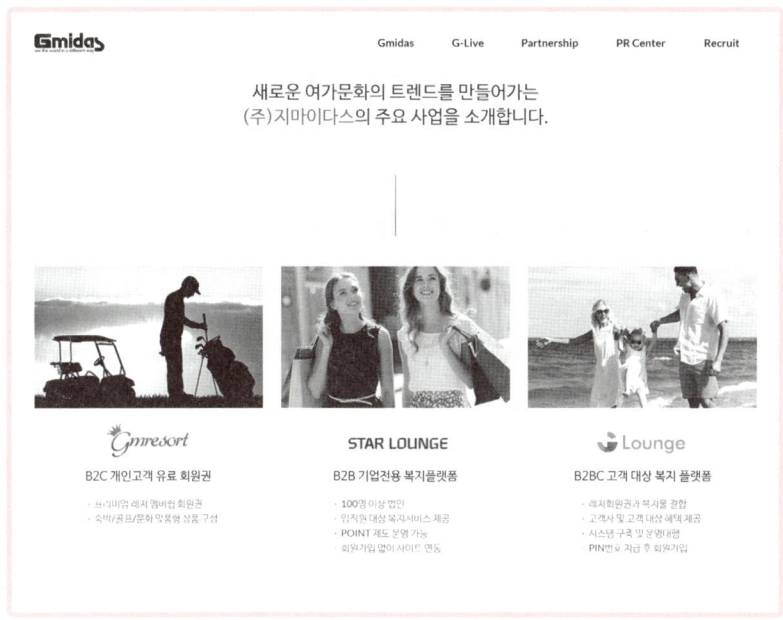

[자료16] 지마이다스의 홈페이지 화면   출처 : 지마이다스

더불어 쇼핑, 문화, 생활서비스, 헬스케어 등 지속적으로 추가되는 다양한 분야의 신규 서비스를 한 번에 이용할 수 있는 차별화된 멤버십 서비스 회사입니다.

이처럼 독자적인 멤버십 플랫폼을 사용해 50만 명의 B2C 소비자, 30만 명의 B2B 회원과 누적 100만 명의 숙박권 및 기프트 상품 사용자들이 회원제 서비스를 이용하고 있습니다.

현재 현대캐피탈 스타라운지, 삼육서울병원 임직원 복지몰을 운영하고 있으며 전국 호텔과 리조트를 대상으로 하는 하계휴양소와 전국 16개 골프장의 부킹 서비스를 제공하는 골프회원권, 멤버십 서비스를 통합 제공하는 '하이브리드 복지 플랫폼'을 운영하고 있습니다. 더불어 지마이다스는 50여 개의 협력사 및 40여 개의 소비자사와 함께하며 더욱 다양한 서비스를 제공하기 위해 노력하고 성장하는 회사입니다.

프랜차이즈·고속도로휴게소
㈜알피엠에프앤비

㈜알피엠에프앤비(https://blog.naver.com/ramenmt7984)는 2014년 2월에 법인으로 설립되어 프랜차이즈 기획 및 컨설팅 전문회사로 다양한 외식 프랜차이즈 브랜드 기획과 가맹점 개설업무를 진행했고, 현재 1인 샤브샤브 전문 브랜드인 '샤브문'을 운영하고 있습니다. 또한, 20여 년의 경험과 노하우를 바탕으로 다양한 브랜드(잇다가게, 빛가람국밥, 베러댄와플, 무리소, 제주스 등)와 협업해 프랜차이즈 시스템 기획과 가맹점 개설업무를 함께 신행하고 있습니다.

프랜차이즈 기획과 더불어 특수유통으로 전국 고속도로휴게소 입점, 납품과 관련한 벤더사 역할을 하고 있습니다. 전국 고속도로

내 열린매장(즉석식품)과 편의점(일반공산품)에 제품을 입점 및 납품하고 있습니다. 또한 (새)한국중장년고용협회 비영리단체와 협력해 서로 상생, 나눔의 미학을 작게나마 실천하려고 노력하고 있는 건전하고 젊은 마인드의 유통, 프랜차이즈 회사입니다.

[자료17] 알피엠에프앤비의 블로그 화면   출처 : 알피엠에프앤비

복지몰·폐쇄몰 플랫폼
㈜스마트웰

스마트웰(www.smartwel.co.kr)은 중소기업 임직원을 위한 국내 최대 규모의 종합복지 서비스를 운영하고 있습니다. 패션, 가전, 사무용품 MRO, 렌탈상품 50만 개를 포함한 다양한 상품 구성과 가격 경쟁력을 갖춘 국내 최대 규모의 복지몰 서비스를 중소기업에 무상으로 구축하고 있습니다. 건강관리, 자기계발, 여가활용, 생활편의, 여행, 하계휴양소 등 다양한 부가서비스도 임직원에게 제공하고 있습니다.

스마트웰의 복지몰 시스템은 국내 유일 분양형 솔루션으로, 복지몰 솔루션을 분양하는 데 시간이 적게 소요되며 복지몰 솔루션 분양 후 바로 서비스를 이용할 수 있습니다.

네이버 지식 쇼핑과 시스템 제휴를 통해 최저가 상품 가격정보와 네이버 최저가 확인 서비스를 제공하고 있습니다. 또한, 스마트웰 멤버십몰(www.buyis.co.kr)을 이용하는 회원에게 상품을 제공해 체험단 응모, 블로그 상품구매 후기작성 등 상품홍보를 지원하고 있습니다.

[자료18] 스마트웰의 홈페이지 화면   출처 : 스마트웰

상품에 가치를 불어넣는
유통마케팅 전문
제이투엠

　　제이투엠(www.livingpickme.com)은 '제품'은 좋은데 '마케팅'이 어려워 빛을 보지 못하는 상품들을 좋아합니다. 이 세상에는 수많은 상품들이 있습니다. 생활 밀착형 상품부터 기발한 아이디어 상품까지 하루에도 수십 가지 상품이 출시되고 사라지기를 반복합니다. 제조의 길만 걸어온 업체가 만드는 것에는 누구보다 자신 있지만 혼신의 힘을 다해 만든 상품을 대중들에게 알릴 방도가 없어 고민하는 경우, 상품들을 보다 효율적으로 대중에게 알리는 기회를 제공합니다.

　　CPC, CPS 광고처럼 단순히 자본으로 진행하는 광고가 아니라, 시장에서 이 상품의 정확한 포지션을 찾고, 대중들에게 어필될 수 있는

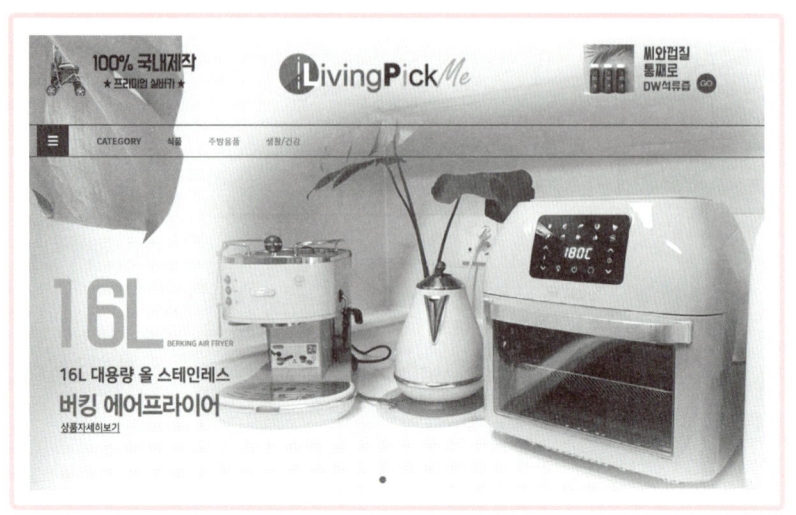

[자료19] 제이투엠의 홈페이지 화면   출처 : 제이투엠

상품의 특징을 정리한 다음 소비자들이 상품을 구매할 수 있는 논리를 만들어 접근합니다. 제이투엠은 자신들의 회사를 '유통마케팅'이라고 표현합니다. 조회 수를 늘리거나 도달률을 높이거나, 키워드 몇 개를 찾아 바이럴 체험단 도배를 하는 극히 제한적인 테크니션이 아니라 가장 근본이 되는 '본질적인 것' 그리고 소비자와 제조사가 함께 만족할 방법을 늘 고민합니다.

  소비자가 상품을 쉽게 접할 수 있는 루트를 만들고, 우리 상품이 자꾸 눈에 들어오게 만드는 방법, 소비자가 구매 결정을 하는 클로징 포인트를 만들어내어 선택하게 만드는 논리, 이 모든 일련의 프로세스를 치밀하게 기획하는 차원이 다른 마케팅을 추구합니다.

그래서 제이투엠은 수십, 수백 가지의 상품을 다루지 않고, 가치를 불어넣을 수 있는 몇 가지 상품에 집중하고, 그래서인지 한 가지 상품만으로도 브랜딩에 성공한 사례가 많습니다.

 여기서 잠깐!

• CPC(Cost per Click) : 클릭당 과금, 즉 광고주 광고를 클릭 시 광고비를 지불하는 방식입니다.

• CPS(Cost per Sale) : 판매당 과금, 즉 광고주 상품이나 서비스를 판매 시 광고비를 지불하는 방식입니다.

식품 종합몰 온라인 유통
㈜드림팩트

드림팩트(www.dreamfact.co.kr)는 온라인 식품유통 전문회사이고, 대형 쇼핑몰 30군데에 제품을 공급하고 있습니다. 사업 분야는 온라인 쇼핑 판매, 온라인 쇼핑 업무대행, 3PL 등 세 가지입니다. 2005년부터 지금까지 종합몰, 소셜, T커머스 쇼핑, 오픈마켓, 폐쇄몰에서 유통과 판매를 하고 있습니다. 그리고 3PL 물류창고(상온, 냉동, 냉장)를 직접 운영하고 있습니다.

    드림팩트는 온라인 판매에 필요한 상품관리, 디자인, 물류, 주문 및 배송까지 전반적인 업무를 모두 진행하고 있습니다. 자체 발주 시스템을 통해 주문, 배송, CS 지원을 하고 있습니다.

[자료20] 드림팩트의 홈페이지 화면 출처 : 드림팩트

　식품 관련 국내제품, 수입제품이라면 입점이 까다로운 대형 쇼핑몰에 편리하게 제품공급이 가능합니다. 공급(제조, 수입)사에서는 상품준비, 공급에 집중하면 되기에 효율적이고 효과적인 온라인 유통을 경험할 수 있습니다. 검증된 온라인 판매채널을 계속해서 늘려나가고 있으며, 유통에 대한 정보 및 지식이 부족해 어려움을 겪고 있는 공급사를 위해 손쉽고 전문적인 방법으로 유통과 판매에 도움을 주고 있습니다.

세상에서 가장 편한 창고
㈜마이창고

마이창고(www.mychango.com)는 입고부터 보관, 피킹·패킹까지 온라인 유통에 필요한 모든 물류작업을 원스톱으로 서비스하는 국내 최초 이커머스 풀필먼트(Fulfillment) 기업입니다. 풀필먼트 서비스는 기존 보관과 배송 서비스에서 포장, 배송, 교환 및 반품, 재고관리, 판매 이후 서비스까지 제공하는 것입니다.

마이창고는 대량 물량부터 하루 1건에 이르는 적은 물량까지 물량 제한 없이 물류 대행 서비스를 제공합니다. 마이창고에서 운영 중인 e-WMS는 이커머스 풀필먼트에 최적화된 자체 개발 시스템입니다. e-WMS는 소비자사에서 사용하는 MFS와 창고에서 사용하는 WMS로

[자료21] 마이창고의 홈페이지 화면   출처 : 마이창고

연동되어 있습니다. 상품이 입고되면 모든 상품에 바코드가 부착되고, 입고와 출고 물량을 자동출납관리하면서 실시간으로 상품의 흐름과 현황을 한눈에 파악, 관리할 수 있습니다. 그리고 소비자와 발생할 수 있는 마찰을 최소화하기 위해 포장하는 과정을 스마트샷으로 기록, 확인할 수 있는 서비스를 무료로 제공하고 있습니다.

마이창고는 국내 최초 4PL(3PL+ICT&컨설팅) 전문 기업으로써 서울을 중심으로 1시간 내 이동이 가능한 다수의 창고와 제휴·계약을 통해 상품의 보관방법에 따라 상온, 냉장, 냉동 상품까지 서비스 가능합니다. 그리고 상품별 특화 창고(화장품, 의류, 펫, 서적, 커피, 문구, 가구, 전자기기 등)를 운영하고 있습니다.

마이창고 서비스를 통해 직접 물류를 처리하는 것보다 적은 비용으로 완성도 높은 서비스를 제공받을 수 있습니다.

한국수입협회(KOIMA)

- 1970년 산업통상자원부 산하 경제단체 설립 승인
- 국내 유일 수입 전문 경제단체
- 8,000여 개 수입업체 회원
- 수입상품전시회, 구매사절단 파견, B2B 수출입 매칭 지원 등

한국수입협회(www.koima.or.kr)는 국내 유일의 수입전문 경제단체로서 수출입의 건전한 발전과 거래질서를 유지하고, 8,000여 개 회원사의 권익을 보호하는 등 50년간 활발한 활동을 펼치고 있습니다. 최근 중소 유통기업의 해외상품 소싱 지원을 위해 주한 외국대사관 및

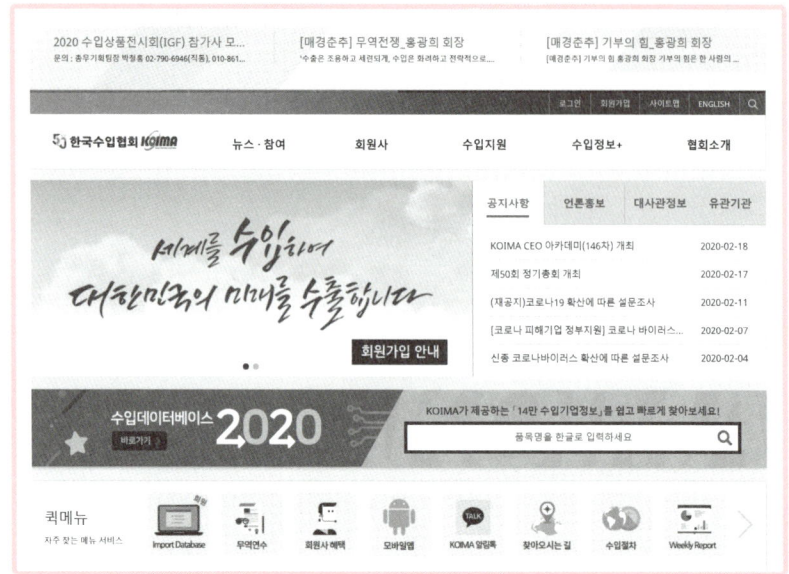

[자료22] 한국수입협회의 홈페이지 화면   출처 : 한국수입협회

해외 무역 유관 기관과 적극적으로 협력하고 있고, 매년 세계 각국에 구매사절단을 파견해 현지 정부에서 추천하는 우수한 기업들의 상품을 소싱할 수 있는 기회를 제공하고 있습니다.

매년 6월 코엑스에서 개최하고 있는 수입상품전시회(Import Goods Fair)는 아직 한국에 수입되지 않고 있는 외국의 우수한 상품들을 가진 현지 기업이 직접 참가하는 국내 유일의 수입 전문 B2B 박람회입니다. 이 박람회는 한국 바이어들이 해외에 나가지 않고 서울에서 해외 우수상품을 소싱할 수 있는 좋은 기회가 되고 있습니다.

또한 한국수입협회는 상품들이 국내외 시장에서 원활히 유통될 수 있도록 대기업을 비롯한 다양한 유통채널과 협력·지원하고 있습니다. 협회 창립 50주년을 맞아 전 세계 한인 기업인들로 구성된 KOIMA 해외명예 지사장과 KOIMA 글로벌 대외협력위원은 국내 기업의 수출입 및 유통판로 개척을 지원하기 위해 멘토링 서비스를 제공하고 있습니다.

국내 14만 개의 수입업체 정보 열람이 가능한 KOIMA 수입데이터베이스는 해외 기업들과 한국 바이어를 연결해주는 글로벌 비즈니스 플랫폼이 되고 있고, 국내 기업들도 이용할 수 있습니다.

에필로그 | EPILOGUE

현장의 살아있는 숨소리에
귀를 기울이다!

유통과학연구회, 지방 유통전시회, 수입상품전시회 등 유통세미나를 27회 진행하고, 유통상담을 500회 이상 하면서 제품이 오랫동안 살아남지 못하는 이유를 알게 되었습니다. 가장 큰 이유는 제품가격이 빨리 무너지기 때문입니다.

유통은 결과로 답해야 합니다. 좋은 결과로 이어지려면 유통의 시작 단계에서부터 가격을 지키는 유통이 진행되어야 합니다. 그런데 대부분 가격이 빨리 무너지고, 제품 브랜드가 망가지고, 사라집니다. 좋은 결과로 이어지기도 하지만 대부분은 아닙니다. 좋은 결과로 이어질 때까지 인내하고, 버티는 유통맷집이 생기기도 전에 가격이 무너져버립니다. 유통에서 가격이 무너지면 더는 방법이 없습니다. 그리고 제품을 지켜주는 유통채널도 없습니다.

공급사가 가격을 무너뜨리지 않고 지키는 유통을 해야만 가격을 무너뜨리는 유통(판매)사를 분별하게 되고, 제품을 지켜주는 유통채널도 만나게 됩니다. 제품을 지키기 위해 유통하면 유통(판매)사도 지키고, 소비자도 지키는 유통으로 이어집니다. 그런데 소비자가 원하는 제품이 아니라면 빨리 접어야 할지도 모릅니다.

유통현장에서는 매출이 발생하고, 살아남는 제품이 좋은 제품이라고 합니다. 예전에 가격을 무너뜨렸던 유명한 유통채널조차도 이제는 가격을 무너뜨리면 안 된다고 말합니다. 지키는 유통을 통해 우선은 버티는 유통맷집을 키워야 합니다. 버티는 유통맷집이란 매출을 빨리 일으키기 위해 가격을 무너뜨려 판매하는 유통채널에 제품 공급을 하고 싶어도 참는 것입니다. 버티는 유통맷집이 생기면 유통경험이 쌓이게 되고, 그렇게 되면 가격을 무너뜨리지 않고 유통을 하는 유통채널에 제품을 공급하게 됩니다. 시간이 지나면서 제품을 지키는 유통네트워크가 만들어집니다. 이제, 하늘에서 주는 운을 잡을 수 있는 환경이 만들어졌습니다.

앞으로도 새로운 제품이 계속해서 유통세계로 쏟아져 나올 것입니다. 가격을 무너뜨리지 않는 유통을 통해 국내를 넘어 해외에서도 유명한 제품이 나올 수 있도록, 저는 지키는 유통협력네트워크를 계속 만들어가고자 합니다. 공급(제조, 수입)사, 유통(판매)사 모두 지키는 유통협력네트워크를 만들어갈 수 있기를 희망합니다.

아무도 알려주지 않는
유통의 속성과 함정

제1판 1쇄 2020년 4월 20일

지은이	최수정
펴낸이	서정희 **펴낸곳** 매경출판㈜
기획제작	㈜두드림미디어
책임편집	우민정
마케팅	신영병, 김형진, 이진희

매경출판㈜
등록 2003년 4월 24일(No. 2-3759)
주소 (04557) 서울시 중구 충무로 2(필동1가) 매일경제 별관 2층 매경출판㈜
홈페이지 www.mkbook.co.kr
전화 02)333-3577(내용 문의 및 상담) 02)2000-2636(마케팅)
팩스 02)2000-2609 이메일 dodreamedia@naver.com
인쇄·제본 ㈜M-print 031)8071-0961
ISBN 979-11-6484-106-6 03320

책값은 뒤표지에 있습니다.
파본은 구입하신 서점에서 교환해드립니다.

이 도서의 국립중앙도서관 출판예정도서목록(CIP)은 서지정보유통지원시스템 홈페이지(http://seoji.nl.go.kr)와 국가자료공동목록시스템(http://www.nl.go.kr/kolisnet)에서 이용하실 수 있습니다.
(CIP제어번호: CIP2020013466)

실무자들의 필독서

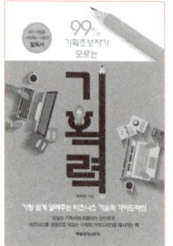

㈜두드림미디어 카페(https://cafe.naver.com/dodreamedia)에 가입하시면 도서 1권을 보내드립니다.